The Power of Money: The True story
of a condominium on the beach /
El Poder del Dinero: La verdadera historia
de un condominio en la playa

The Power of Money: The True story of a condominium on the beach / El Poder del Dinero: La verdadera historia de un condominio en la playa

Chato Izquierdo

Número de Control de la Biblioteca del Congreso de EE. UU.:   2015905886
ISBN: Tapa Dura   978-1-5065-0251-9
                 Tapa Blanda   978-1-5065-0252-6
                 Libro Electrónico   978-1-5065-0253-3

Información de la imprenta disponible en la última página.

Fecha de revisión: 22/04/2015

Para realizar pedidos de este libro, contacte con:
Palibrio
1663 Liberty Drive, Suite 200
Bloomington, IN 47403
Gratis desde EE. UU. al 877.407.5847
Gratis desde México al 01.800.288.2243
Gratis desde España al 900.866.949
Desde otro país al +1.812.671.9757
Fax: 01.812.355.1576
ventas@palibrio.com
708340

ÍNDICE

The Power of Money: The True story of a condominium on the beach

By

Chato Izquierdo

INTRODUCTION

In the 90's at a time where the economic situation of our city was very poor, it became very popular to convert old hotels and/ or motels into condominiums that were located along the beach close to the city where I live. At the advice of friends from the same hometown as me and my second wife (since deceased) we purchased a unit with the idea that my children and grandchildren could use it to relax and when my wife and I finally retired we could live our last years by the sea.

The economy prospered. The properties increased in value. They began to construct luxury condos and several developers put their eye on our small condominium with the hopes of taking over the property to continue their developments.

My frustration of how little by little these people took over our property and how in the end they completely robbed us of our property is what pushed me to take up paper and pencil and write my ideas and impressions during the process. That is what this book narrates. Needless to say that in order to be able to tell you my story it has been necessary to change all the names in order to protect the "innocents" and all related with this case. In reality, it does not matter because situations such as this take place in all places in this planet where there are powerful people who think they have the right to step over and take from those they consider to be lesser than them.

If my story helps others to open their eyes and avoid this happening to them, it was well worth the effort.

Presently I am the owner of unit XXX of Condominium A, located in some beach in this country of ours.

I purchased this unit with my wife, since deceased, with the intention of being able to spend some quiet days with my family upon my retirement. Everything was fine until a company, whose name I fail to recall, began purchasing units in our building, with the intentions of constructing another building like those on either side of us.

In December of 2005, I received a call from Mr. A to ask me if I was interested in selling my unit for $200,000 just like he had sold his. I told him that yes I was interested. About half an hour later I received a call from a representative of the company that was purchasing our units, to tell me that they would purchase my unit but the sale had to go through that same day. I informed this gentleman that it would be impossible for me to do that, since I had a doctor's appointment on that day, plus I unquestionably would need someone to advise me on the sale. The gentleman then told me he would call me later and to this day, I am still waiting for the call.

The reason they wanted so desperately to purchase the unit that same day, was that they needed to have the majority vote because some of the owners had collected signatures to replace the current members of the board in our condo association. Since they were not able to purchase my unit, Mr. A spoke with other owners and were thus able to purchase several other units and avoid the present board members be replaced.

After these gentlemen took over the association, it's when all of our problems began. When I purchased this unit back in the 90's nothing ever went wrong in the building. The building was a bit run down, but through our efforts, both monetary and work wise, we fixed both the interior and exterior areas. Before these people took over, we never had any robberies, accidents, or public disturbances. Everything ran smoothly as is normal among decent people, which is what all the people that had bought units in this building were.

We only needed to get a security guard during the festive (or long) weekends and that was to avoid people using our parking lot who were not owners. Nonetheless, when these people took over, they felt the need to hire a security guard all the time. This was done not only without anybody's, consent, but using moneys that were not authorized for this purpose. The funny thing is that when they hired this guard, their units were closed and completely empty inside, since the owners had taken everything of theirs with them when they sold their units. There was only one reason for this decision, to continue to extort us so that we would pay the highest maintenance fees possible. The maintenance payments was $150 and they tried to charge us more than $400 with the sole intent of terrifying us and try to buy our units for the lowest possible price.

When Mr. A called me so that I would sell my unit, he informed me that they were paying $200,000 and in the event the rest of the apartments were sold for a higher price, they would pay me the difference. But what happened? They purchased the units through BC Developers. So they would not have to pay Mr. A and the others; they sold it to yet another company. This company funny enough also belonged to them, but this way they avoided having to pay the difference of $125,000 since presently the units are being bought at $325,000.

By the way, when they sold the units, they also switched the association to another group without holding any elections. To my understanding this is illegal. We have taken this issue to court and are presently waiting to see what happens.

When we were hit with hurricane Wilma, these people left the doors and windows of their units facing the pool completely open. I can only imagine that this was done with the intention of having the hurricane winds go into the units and would blow the roof off and cause as much damage as possible. In the meeting of March 31, one of our members brought this up with the board and they never denied it. Immediately after the hurricane, without having hired an engineer or contractor, two days later they starting closing down the building by putting wire fence all over and we had no access. Even the parking lot area where cars would turn around to exit the building was closed down. This was done to black mail us and made things more difficult for us. Can they tell me in which meeting was the placing of these fences authorized and where did the money come from to do this?

While we are it, I would like to mention that our parking lot was used illegally for the benefit of the construction going on next door at E Condominium. They brought in all sort of heavy equipment such as cranes, tools, concrete mixers, because they were not able to have these on their property. They utilized their units to store all sorts of material for the E Condominium construction site. They also damaged part of our parking lot and several areas of our building with all these heavy equipments being brought into our property.

Several weeks after the new board took over, they utilized the city of "Any Beach" (I have no idea how, unless there was something going on under the table) to certify the 40 years the building had been constructed. The city engineer certified that the balconies where in bad shape. Unfortunately, the engineer was wrong because the balconies where in perfect shape, until these people had their employees tear them up. This was done; again, to force us to pay a special assessment that none of us were able to pay.

Can the city of "Any Beach" explain to me why during the time this board took over they never came to certify the building before? Why wasn't this done when the "poor people's" board was in power? I have no idea whether it was the city' idea or whether this certification took place at the new board's request. If this is so, the new board did not need to involve the city in this. All they had to do was call their friend Mr. F and we could have resolved this ourselves. But I guess their intentions were to squeeze us so they could keep our building for their purposes in the end. I would also like to know why the city of "Any Beach" did not certify the buildings in front of us and many other buildings in the area that are in worse shape than ours. But then again, those do not face the ocean like ours does, and they do not need them to be turned over to the millionaires. I guess when they need them, they will come around to certify them and push people out like they are doing to us today.

I am not against selling my property because I am not against progress. All I ask is that they pay me the true value of my property.

After this association took over, in a place that nothing ever happened, vandalism began. They started to steal the air conditioners, things inside the apartments, etc. What a coincidence that this starts to happen after they start to destroy our building. As far as I know, the association never contacted the police department to file a report on the vandalism being done to our property. These people remind me of the communists who like to create chaos so they can keep everything for themselves.

While I was visiting a city in the Northwestern part of the country, my daughter called me to inform me that my apartment was flooded. She called the plumber and he told her that everything was in perfect order inside my unit. According to him, the water was flowing into my apartment from the upstairs unit which apparently had an open faucet and was running water all day. According to the association an elderly gentleman occupied the upstairs apartment. I am sure the reason they kept the water running like this was to spend a bigger amount of water and raise the maintenance fees higher. My daughter tried to contact them via telephone and e-mail but they never answered her. In view that she could not contact them, she called the police and the police informed her that this had to be resolved in civil court, but either way the police would have record of the call. After the police was contacted, the water stopped coming into my unit. The damages were not heavy so I did not bother filing any claims.

After the meeting of March 31, they placed some signs on my apartment door saying that my apartment was not safe. I have no idea if it was the city or the association that did this. But I place a bigger blame on the city of "Any Beach" for going along with this abuse against poor people who the only thing they did wrong was to give these people their vote so they could be in the position they are in. I have no idea how they could go along with this, but it is something that should be investigated. We want to sell our units, but we do not want to be robbed.

If anybody cares to inspect my unit, they will find it is practically new. The bathroom, kitchenette, the cabinets, in other words, everything was very well maintained. Proof of this is that after the hurricane passed, they condemned a number of units in our building and mine was not one of them. How is it possible that after the hurricane the city certified my unit to be in perfect shape and with no other hurricanes or a small shower even my apartment became in bad shape and it needed to be demolished? How come before the structure was in good shape and they became bad in a matter of months? I guess they are in a hurry to demolish our building.

Finally we have no idea what their plans are. We have asked them several times during the meetings but they do not want to give us a response. I know that before this movie ends, lots of other things will happen.

The 44 owners who had not sold our units signed an agreement to sell with company located in the Northeastern part of the country in the amount of half a million dollars. The contract had to be approved by the association in a period of 15 days. Since they did not accept this offer, then the company tried to buy their units for the same amount of money and they still did not accept. Later on I found out that the gentleman who represented the company and made the contracts sold several units he owned for $325,000. They offered us $200,000 up front and $125,000 payable in a meeting once the building was completed. How do you think anyone could accept such an offer from people who by their behavior are obviously a bunch of cheats? At that moment I would have gladly accepted $325,000 in one payment to avoid to be told later on that the building would never be completed or worse yet, they would file bankruptcy.

The other thing they did was request a special assessment to fix certain things in the building and then they used that money in things that nobody had agreed upon in the original meeting. They never held a new meeting to discuss the changes. I have no idea what they used the money for since so far we have not received any information on the matter. There is no use calling them either to ask them because you have to pray for a miracle to the Virgin to get these people to answer.

I took State Senator G a recording of the meeting of March 31 and a recording of me informing him of all the things that are going on in this condominium with the intention that new laws be put in the books to avoid things such as this happening in the future. They took me to a law firm in a city located in the county north of us for a deposition in regards to a lawsuit that we filed regarding the elections of July in 2005.

After this administration took over the expenses went sky high with the sole intention of making our lives a living hell and purchase the units at the lowest possible price. For example, the company that used to manage our building "H Account" the association exchanged it for another company that charged a lot more that we paid "H Account". Why was this done? The reason seems to me was to raise the expenses and raise the maintenance fees as high as possible. The other thing was that this way this bunch of sharks recently arrived to the beach, could control this company easier and do whatever they wanted.

For example the gentleman who cleaned the building received a raise in salary when this gentleman did not have more than 30% of the maintenance he used to have when the building operated at 100%. One of the few areas he was responsible for was the meeting room. I remember this room had to be changed to where they used to play dominoes, because they stole the air conditioners. This room, the two times I went there for a meeting, I went to the bathroom. The bathroom was filthy, full of papers, beer cans in the urinals, cigarettes buts, and cigar buts all over, I had to go to my unit and use the bathroom there because the bad odor was unbearable. If the gentleman responsible for cleaning this had this bathroom in such deplorable condition, there was no need to give him a raise. He should have been fired! This leads me to believe he must have been acting under orders from the "sharks".

In the last expense report they indicated the water bill had gone up. How is that possible if 60% of the building was empty? How can the water be more than when the building was 100% occupied? Why do we pay the cable company so much when there are only a handful of units occupied? Another thing, every time they hold a meeting, they hold it during the day and during the workweek. I think this is so the majority of the members will not be able to attend because most of them work.

They shut off the electricity on all the units. They did this because they are taking advantage of elderly people who do not have the capability to defend themselves such as the restaurant owner. He has a good lawyer and also because it is a business it could give them lots of trouble. How is it possible that if there was an electrical problem in the building there wasn't one outside or in the restaurant? Isn't it all the same structure? I have a feeling they are using our electricity for work in the building next door and it wasn't to their advantage to disconnect it completely. I have pictures and video of my apartment to show that there was no problem there.

In the meeting of March 31, they said that the building had to be demolished and they had a demolition company that charged an amount much bigger than the true amount. One of the owners told them that demolition was the thing he knew most about and could find a company that would give a much lower price. I don't believe they will end up accepting this because they want to get the insurance money by paying the demolition and pocketing the rest.

Can somebody tell me why every time there is a meeting we have to pay a lawyer to be there and do nothing? This sort of thing never happened with previous boards even though we always disagreed amongst ourselves.

After this I went with my daughter and wife to spend a few days in the beach and to my surprise there was no electricity in the unit. Everything I had in the refrigerator was ruined and with foul odor. I saw the maintenance man and he advised me they had cut off the electricity a few days before. I imagined that it was in the entire building, but I realized there was still electricity outside the building and in the restaurant. Why was the power cut off from the individual units and not from the outside areas or the restaurant? I want them to answer me that. I also want to know, if my unit was not condemned as 16 units were in November, why was my power shut off? How is it possible they say they tell us they need to demolish the building and at the same meeting of March 31 they informed us they had hired some adjustors to make sure the insurance company pays us what's rightfully ours. What are the adjustors going to see, what damage the hurricane did to the ground? When they come over to assess the damages, there will be nothing for them to see since the building would have been completely demolished. If they feel the building had to be demolished then why didn't they demand payment from the insurance company for the total value of the building, since in their opinion the hurricane did such enormous damage. It's obvious that's not to their advantage, because then the fight between them, the city of "Any Beach", and the insurance company and this could cause serious problems,

I am presently paying $807.49 a month for maintenance fees and $1800.00 a month in taxes and a special assessment of $2800.00 for the demolition and I am not able to use my apartment. I am not able to rent it or have members of my family use it for their pleasure. It is just not fair, that a man, who has worked for 45 years in this wonderful country and has a retirement pension that barely coves his basic living expenses, have these cheaters come over and try to steal the little things he has.

To pay more than $1000.00 a month without having any benefits. I shall continue to pay these cheaters until the end of this movie when I am sure the law and justice shall prevail. As the days go by and things keep escalating I will continue to write. The first days of the month of July of 2006, a meeting was called to elect the board of directors. I went to personally see these people's faces because these elections were the same as those Fidel holds in Cuba. You know who the winner is before the elections begin. I took advantage of this to see my apartment, since I had not been there since the power got cut off. When I got there I was not able to go in because the door locks were broken because they tried to break into my unit and when they were not able to go in, they kicked it. They bent the door out of shape and broke the locks. They vandalized the air conditioning unit on the outside. I called the police and filed a report. Where were the invincible security officers that these people hired and for which they pay an exorbitant amount of our money? You never see them around. A few days later I went there with a locksmith and he had to take out the broken lock and I was able to go inside my unit. On that day they did not take anything from inside my unit.

After this I continued receiving papers that I didn't bother reading any more: One with a huge amount from the court, others from the county, and another special assessment that was postponed for October. Then in October we were imposed an $807 monthly installment (retroactive to July – they always make the assessments retroactive to aggravate us). They even billed me for an extra payment as though I had not paid the previous assessment and demanding a copy from me. If I paid it, where did these people put my money? The money was definitely withdrawn from my bank account and I have proof of that.

The end of October, beginning of November, I returned to my apartment to get a few things out that I was going to give to my brother who was moving to Santo Domingo. To my surprise I found that the entire building was surrounded by a wooden fence and padlocked with huge padlocks so I was not able to enter my property. I called several time the numbers I have for them, in an effort to obtain a copy of the key for the locks, but I was never able to locate anybody. I feel that this is in violation to my property rights.

Since these people arrived they haven been destroying the property bit by bit trying to get us to sell at whatever price they want, not the real value of the property. They purchased several units at \$325,000 and in a meeting we had with our lawyer she said they had only offered us \$225.000 per unit. I am a poor retired individual and my income is barely enough to cover all they ask for. Unfortunately, they will continue to ask for more until someone puts a stop to them. I think that although I am 77 years old with a big surgery to my spinal column, another one to my knee and a pace-maker, I am going to be forced to get myself a job so I can cover all they ask and be able to hold on until the end.

On November 6, our lawyer had a meeting in a place someone let us borrow since these people didn't even leave us a meeting place in our property. I then found out my apartment had been demolished. How is it possible they demolish my unit with all my belongings inside? Refrigerator, microwave, television, kitchen utensils, everything I had. How come we were not notified and a few days prior and given a key so we could go in and vacate our units of all our belongings? My neighbor, Mrs. A, continually asked for the keys and they kept telling her, tomorrow. With me, they didn't even bother answering the phone. Now to make matters worse, they hit us with a special assessment of \$600 for a reserve account and \$200 in maintenance fees. How can a demolished property need so much money to maintain? They do this with the intention that most people do not have that kind of money and then file a lien against the property and follow with a foreclosure. Not only that, but also their intention is to scare us and force us to sell at the price they want.

I hope that someone investigates the city of "Any Beach" since they lent themselves to the decision of demolishing a building which was in good condition and collect more taxes hurting poor people whose only desire was to spend their old age in a place that could help them eliminate the stress brought about by old age.

On May 12 of 2007, I received a letter from a lawyer by the name of J. K. located in one of the most affluent neighborhoods in our city. They informed me through the court that my maintenance payments were behind a few months. I guess the lawyer was not properly informed since my payments were always up to date and I had cancelled checks to prove it. On the following day I received another letter, regular mail, identical to the previous one. On this letter I was also informed that they had sent 2 Certified letters. One was addressed to the condominium and the other one to my other address they had in file. If they knew that the beach building had been demolished why bother mailing anything there? The certified letter addressed to my alternate address was addressed to 29th Ave. instead of 20th Ave. causing delay.

I was never notified about having to pay the special assessment for the demolition services. I found out about this when I received the letter from the lawyer and I went to pay in person immediately. I thought they would have paid for that either from the reserve money or from the money received from the insurance.

The checks that I send on the first few days of the month are not presented for payment until 29 days later. For example the check I had mailed in May as of June 6 it still had not been presented for payment. Because of these irregularities I sent the July payment by certified mail and the assessment check in the amount of $2871.93 was delivered in person on June 17. As of July 7 the check had still not been presented for payment

I took a picture how a few days after the demolition meeting they put a fence around the building without informing the owners. I tried to get a copy of the key for the lock on the gate but the person in charge was never around. My apartment was demolished with everything inside. I am not so hurt about the personal items inside which were valued at approximately $20,000. What really hurt me though was that I kept musical arrangements of songs I had composed back in the 70's and it is going to cost me quite a lot to get those arrangements done again.

I want for you to investigate how much was paid for the rental of all those tubes they placed all around the balconies that were completely unnecessary. Another question is why were they not fixed? Obviously they did want them fixed and all they wanted was to spend lots and lots of money so they can continue raising our maintenance fees each year. This way we would be forced to sell below market price.

There is still plenty more I can tell but then this document would be endless.

I would like for someone to investigate why the judge has prolonged the trial. This is costing us thousands of dollars. We have to pay for both our lawyers and theirs with extremely high charges on both sides.

Why did they file twice for foreclosure on my property when I have paid every last cent. You are spending our money with unnecessary procedures.

What sort of business did they do with the insurance company that they accepted such a small amount of money? Where is the money they received?

I also want someone to investigate why they used our property to park cars and heavy equipment from E Condominium when that was illegal.

Why are we paying $130 maintenance fees when all that is left is a vacant lot? In a meeting we had, our lawyer suggested we do not pay the yearly reserve assessment, since as long as this was in court they could not do any demands. Why then did they file so many foreclosures if the trial is not over? I have a feeling that our lawyer is not working at the level expected of a good lawyer.

I want someone to investigate if they deposited in our bank account the amount to cover all outstanding debts for those apartments they purchased. Many of them were not paying their maintenance fees, or the yearly reserve assessment in the amount of $807.49 because they said it was not necessary.

There are various owners who were forced to sell at whatever price they chose to offer. They were retired senior citizens who were not able to take any more, and rather than losing it all, they had to give in for lack of money to keep fighting.

The last meeting was made at a restaurant in the beach where they served breakfast to those present. Many of them left without eating. I have no idea who paid for this, but I bet you anything we paid for it as though it was gold.

After the demolition we were imposed a $55 assessment from August 2008 until August 2009 for land maintenance and I don't know what else. After August 2009, they stopped charging maintenance fees. Along that time, they purchased several apartments for which they paid from $220,000 to $280,000. Among those sold was Mr. L's who was a traitor along with the others. They sold for pure greed, as they really did not need the money. These people where the first to scream and oppose a sale whenever we had a meeting. Mr. L has since passed away, and I only ask God to give his spirit a lot of light. After all he was not a bad person. They also purchased Mrs. M's apartment for $200,000. She had the necessity to sell because she had no money at all to pay all the maintenance fees, lawyer costs, etc.

Later on I received a letter from my lawyer with a bill for $1600, which I refused to pay because according to the date on the bill, I had records that it was already paid. She threatened me that if I did not pay she would stop representing me at the trial.

I went to see several other lawyers to see if any of them were willing to take my case, but none of them wanted to take it because of the complication and the high cost. I then went to the Florida Bar to ask for some forms where I could ask for help in this matter. At my daughter's suggestion, I did not file the forms. She said I should just pay my lawyer the bill and not complicate things further, since the trial was to be held in a few days. This was on May 19, 2010.

Before this, the lawyer had sent a letter dated March 6, 2010 with an offer from these people of $35,000 per unit.

As always, the trial was suspended because the judge had the trial for one of the players from our local basketball team and he felt that case was more important, although it had not been dragging as long as ours. We were fortunate that they took the judge out of our case. I have no idea if it was because he had lost his position during the last elections or he was just simply removed from the case.

On February of 2011, Mr. N called me to inform me that they had partitioned the land and that their same company had purchased it for $3,000,000 and they would give us $27,000 per unit. How is it possible this could happen and none of us were notified? Nobody involved in this case had received any communication either from them or from our lawyer. We never saw anything in the newspaper regarding an auction either.

The following week, the lawyer called for a meeting of all owners. At the meeting, I asked how was it possible they held an auction and she never sent us any information to that effect. She said she tried to send us the information, but someone in her office stole the letters. I do not understand how she never made copies of those letters and sent them out again.

I have no idea how that auction came about or in what newspaper the notice was posted. The only ones present were they. We could have made an offer if this had been a proper auction without any cheating. But the way this was handled, they never gave us an opportunity because it was not in their best interest. That land in today's market is worth well over $20,000,000

The trial day finally arrived, but the judge ordered a mediation to be held within the next 30 days and to continue with the trial on June 13.

I did not attend the trial, because I was having high blood pressure at the time and I was afraid that upon hearing so many lies from all these people, my blood pressure would go sky high.

After the trial, we had a meeting to decide what steps to follow. It was decided to continue the trial with the judge because we have faith in the judicial system of this great country. We also discussed what to do with the mediation that the judge had ordered within the next 30 days.

The day of the mediation arrived and nothing was agreed on. We were offered $3500 per unit and after much back and forth with the mediator (which by the way was very professional) they went as high as $75,000 per unit. No agreement was reached, so we decided to wait for the trial on June 13.

On the 9th, I received a letter from my lawyer charging me the amount of $2,217.54 for the mediation process we had; mediation, which by the way, they knew beforehand nothing was going to be resolved because in previous mediations they had not even made any offers. The total of my lawyer's bill was for $44,350.74, which was divided into 20 units.

A few days after said mediation my son, who happens to live close to the property, called me to inform me that E Condominium was using the property as additional parking space for their building. The next day, I went by and I took pictures showing a parking attendant sitting in front of an open gate with a whole bunch of cars parked in the property and cars leaving the lot.

I really hope this matter will be finally over on June 13 because if this continues on, I do not know if I will have enough funds to pay for so much court and lawyers. Otherwise, as we are all senior citizens, chances are when this is through we will all be dead and buried.

On May 3, 2011 I received a letter from my lawyer for a meeting on May 3 at 6 PM to inform me about the partition appeal and an offer that they other party was making of $68,000 per unit. The court refused the appeal without any explanation for the refusal. Afterwards, our lawyer told us that before May 9 we had to inform her individually how much we wanted per unit. We reached an agreement immediately as to the amount, but she told us that by court order we had to call her individually and give her the amount confidentially. I think that this was to try and divide us since I cannot figure out the reason for the meeting if we could not say anything. For that, she could have notified me by mail the court's decision and saved us the fee we had to pay her for said meeting.

In the meeting the lawyer told us that the judges were getting tired because of all the time this trial was taking. This is not our fault but theirs, who are apparently pressured by vested interests and our lawyer who has squeezed our pockets to the last. The day will arrive when we will not have one penny left to continue this trial and will have to give away our units to these gentlemen.

During the meeting our lawyer was a bit strange and feeling bad. At times it looked as though she was defending the other party. It is possible that she might have had some personal problems that had nothing to do with our case and she was out of sorts.

I tried to send her an email with my offer but the email address she wrote on the paper she gave us was rejected. The following day I called her and gave her my offer of $225,000 and if they did not agree to it, they I would wait until the day of the trial because I have a lot of faith in this country's courts and I know justice will be served in the end.

The day of the trial arrived, June 13, 2011. I thought that finally we were getting to the end of the book. To my surprise, I received another letter from my lawyer informing us the trial had been suspended again for a time when the Judge had time available. The reason given was they needed more time to continue the case. How much more time do these people want since we have been more than 6 years in this case?

On June 28 I received a letter from O Associates P.A. that I am still trying to figure out what it was all about.

August 6 I received a letter from my lawyer saying that on the 12 the latest, to send her copies of my taxes so she can figure out how much rental income I had lost. I used to rent to a Canadian gentleman during the winter for $5,000 the entire season. Since it cost me more than that just to maintain the unit, I don't recall ever declaring the income in my taxes. Besides since it has been over 5 years since these people cut off our electricity (exactly May 2006) I no longer had my taxes for those years since I throw them away after 4 years.

In August I received a notice for a meeting in order to dissolve the association and place the land in public auction. None of the defendants went because since the other party owned the majority of the units, like elections in Cuba, we already knew the outcome.

I ask myself how much longer is this trial going to take? We have been going at it for over a year and it looks as though the Judges are not interested in poor people's cases.

Our lawyer told us, that the trial of June 13, 2011 was suspended. According to her it would take place within one to two months from the June date. Since that time, 8 months have passed and we still have not received notice of when they are planning to celebrate the trial.

Again several of us called our lawyer on the telephone and left a great number of messages, but she never returned any of our messages. Personally, I sent her several e-mails, which were all returned by my e-mail provider claiming that her e-mail address was non-existent.

On the 28th of December 2011, I received a letter from my lawyer, which included a check in the amount of $29,791.20 dated November 18, 2011. According to my lawyer, this was the amount that was due me on the property. She also said that if by any chance I had already paid my taxes to contact Mr. P directly. I do not think this is correct procedure. Under the circumstances, I feel that I should have sent her any information, and she should have forwarded to Mr. P. I had paid my taxes on November 24, 2011, since a property search in our county's web page, still indicated my children and I to be the owners of this property. On the 21st of December of 2011, I received my check back from the county.

Another point I want to make is that the majority of checks that have been mailed the people have not been able to cash them, because they were made out to names other than the rightful owners. I remember well when they decided to levy that assessment that the majority of the owners did not pay, my property was placed in foreclosure, even though I had paid every last cent of that assessment. One of the notifications that were mailed to me was mailed to an address so wrong, I had to go purchase a GPS to be able to locate my certified letter.

On Tuesday June 12th, Mr. Q called me to inform me that one of Mr. R's grandsons had called him to let him know that a friend of his who works in the county courts, had called him to let him know that the Condominium A trial was up for Monday June 11. He went to the trial and told us that it had been lost and that the court had accepted the other party's petition to switch Judges. Apparently they must have seen that the Judge was doing the right thing by us and it was to their advantage to request a change. He also informed us the new Judge was Judge S.

How is it possible that after we had been waiting for so long, the lawyer who is defending us did not inform anybody that the trial was to be held on that day and we had to find out through an act of divine providence?

One of the owners called me and told me that the lawyer had called him and requested a meeting for the following day in the morning in her office. She told him she had important things to discuss with him. We agreed that he would call me after the meeting to let me know what had transpired. When he finally called me, he told me the meeting had not taken place because the person that was to meet with them had an emergency eye doctor appointment. He said the lawyer told him she would call him and discuss over the phone all these important things. Again, we agreed that he would call me once he had spoken with the lawyer.

I was starting to feel there was something "sinister" about all of this, so I got in contact with another lawyer. I wanted to see if he could find out what was going on, if it was true we had lost the case, and what were the possibilities of an appeal. Afterwards I found from Mr. Q that we could not file an appeal as of yet because he had been told the trial was not over yet. Apparently the reason was that our lawyer had requested a new viewing of the trial.

As of today June 19, the person who had the interview with the lawyer has not called again and I have not received one single note from my lawyer.

Mid August of 2012, Q called me to inform me that Mr. R had called him to inform him that the trial had taken place and we had lost it. Mr. R found out thanks to a friend of his that works in the courthouse. Immediately I called Mr. N to see if he knew anything about this and he told me that he was waiting to hear from our lawyer regarding the outcome of the trial. I called Mr. N several times the following day but he told me that he still did not have any information, so I did not call again.

Several days later, I found out through Mr. Q that the trial was lost but that the lawyer had filed for an appeal. He also informed me that the Honorable Judge T had resigned from the case and in her place they had assigned the Honorable Judge S. Time went by, and since I still did not know what was going on with the case, I called our lawyer and she never answered any of my calls. I then decided to send her a certified letter with return receipt requested on Nov 11, 2012, and although I have record that it was received, she never replied.

Months went by without hearing a word from our lawyer, so I asked my daughter to look on the Internet to see if she could find any information as to what was going on. She found information about the trial that had taken place, the appeal, and a trial that was to take place on April 5, 2013. How is it possible that my own lawyer never informed me about the trial we lost, the appeal she filed, or the trial that was to take place in April? Is it possible that they also stole these papers, the same way they stole the letters she claims were on her desk and someone had stolen?

When I found about the hearing on April 5, since there were no details on the Internet, my wife and I went personally to the court to find out where it was to be held and the reason. There we were informed that the hearing was to be held in room YYYY, Judge S's office. I then proceeded to mail a letter to all the owners involved in this matter in case they wanted to attend and find out what was going on. Another reason would be to see if we could finally see our lawyer face to face since we had not had any communication from her in such a long time. Not for lack of trying!

Unfortunately I was not able to attend this hearing because my wife's daughter was getting married in a city in the Northeastern part of the country, so I sent my son to represent me. He called me to let me know that the audience was in order to determine that if we lost the case, the owners involved would be liable for their attorney's fees, which at first were estimated at approximately $500,000. During the process the lawyers of both parts could not agree as to what could and could not be billed so the Judge gave them until the following Friday to agree on an amount and present paperwork to him.

After the hearing all of the owners that were present asked our lawyer what was going on. Why was it so difficult to talk to her and it felt like she was purposely avoiding them. Finally after much back and forth she agreed to contact all of us individually so that we could meet with her on a one on one basis. The problem was she needed to find a place in our area so that we would not have to drive two counties north to her office. Immediately two owners present volunteered spaces that would be at her disposal.

On April 18, 2013, my son called me to tell me that my lawyer had sent him an email asking for me to meet with her Friday,

April 19 either at 11:00 AM or at 1:00 PM. I took the 1:00 PM appointment.

The meeting was to inform me that the amount that was finally agreed upon was approximately $300,000 because what they were asking for was illegal. She also told me that these wolves dressed up as Little Red Riding Hood, were making us an offer that if we dropped the case they would pardon the fees. I felt that my lawyer was trying to scare me the way she told me that I had to realize that these guys were very powerful and that they had hired 6 of the best lawyers for this case, and we had a good chance of losing. She gave me the impression that she was working for them and not for us. I told her that I was stubborn and would continue the case until the end, unless they accepted the counter offer I made (at her suggestion).

Towards the end of the month of April 2013, Mr. U called me to tell me he had made an appointment with the law firm of V & W for May 3. He wanted to present them our case regarding Condominium A and that if I could possibly go with him to this meeting. I agreed to go and we met with Mr. W, who is a civil rights attorney. Mr. W seemed interested in the case after he saw all the improprieties that the Z Group had committed against us. Mr. W then informed us that in order to take our case it would cost us about $100,000 because these people had lots of money to spare and they would try to prolong the case as long as possible. He then made us an offer that if we were willing to give them a percentage of the settlement, then he could take the case for a $40,000 fee. We said that we would then take it up with the other 14 owners and would get back to them in about 2 weeks. Our thoughts were that if everybody would agree to this offer, it would cost about $3000 per owner up front.

I got busy and wrote a letter that I mailed to all involved including Mr. U's father. To my amazement, the only response I received was from Mr. Q to tell me to count him in. The rest did not even have the decency to call me to say as to whether they agreed or not. I felt really bad for these people who had turned their backs on me after spending my own money without asking anybody for anything. Maybe one day in the future, when they feel lost they might call me and I will let bygones be bygones and be willing to fight again, that is if all is not lost by then.

While in the process of putting this narrative together, Mr. U called me to inform me that Mrs. AA had called him to let him know that she was also willing to join us in our lawsuit. Now that there were 4 people willing to fight, se asked him if he could call Atty. W and see if we could come to some sort of arrangement with him. I suggested that it was best we wait until the lawsuit is finally over and if we lose, then we could file our lawsuit even if it means we might have to pay a bit more because we are so few.

As of today July 11, 2013, since I met with my lawyer back in April I have not received any news from her about the outcome of what must be the longest trial in the history of the United States. At the time she asked me for a figure to present to them as a counter offer. I asked for $125,000, but she said that they would probably only give $25,000 but that it wasn't sure. I told her I would not accept that amount, and as of today since I have not had any news from her whatsoever, my counter-offer is cancelled.

A few days ago, Mr. U called me to let me know that he has tried to call Atty. W several times to ask for another appointment, but he has not returned any of his calls. Apparently he has since lost interest in the case.

On September 14, I sent an email to my lawyer asking for documentation regarding a purchase proposal for $50 million dollars that a Mr. BB made on behalf of a company in the Northeastern part of the country. My lawyer replied that she had no knowledge of such an offer. Strange, since if I am not mistaken, she gathered the signatures of about 40 some owners in order to be able to represent us during the negotiations. The sale did not go through because the association rejected it. We found out about it several days later since they never held a meeting for us to approve or reject the sale.

Several weeks later we found out that these people bought 2 apartments that were property of Mr. BB for $325,000.00 each. This way they avoided that this gentleman would insist any further on the purchase of the property. Why if I was only asking for $225,000 for my unit, which was in better condition that Mr. BB's, they always told me that everybody had to sell so they could purchase my unit. That was something impossible to achieve because there were some very greedy owners that were asking for exorbitant amounts of money which nobody would have paid, thus the sale could never go through the way they wanted.

August 14, 2013 my lawyer sent an email telling me that if I gave up the case they were willing to forgive my debt for their court costs. If I were in agreement she would send me the papers right away for me to sign as soon as possible.

August 19 I sent her an email saying that as of that date I had yet to receive a response to my proposal of accepting $125,000 for my unit that I had given her on April 19, 2013.

On August 21 I sent another email telling her that she had never replied to my offer to testify in court during the trial with all the proofs I have been accumulating and were in my power. I also wanted to know about a particular law that said that for seniors they could not delay a case beyond 60 days. A few days later she replied, that I could not testify and that he law about seniors did exist.

On July 18 of 2013, Mr. U sent me an email regarding the debt for the trials that had been held. That was the first notice I had received because as of August 20, 2013 I have yet to receive anything from the court for such a huge debt. I have no doubt that amount was inflated in order to extort us and push us to give up the case with the promise to forgive our debt. I would want for the Honorable Judge S to ask them for copies of the cancelled checks until the present date in order to prove if they truly paid this amount of money for a lawsuit disputing over a piece of land 20 x 20. Or is it that the lawyers on both parts dragged this out for so long in order to squeeze a few retired senior citizens into giving up the only thing they ever wanted which was to spend their last days of their lives as peaceful as possible in a little place by the sea.

Several days later Mr. U called me to let me know that our lawyer called him asking that if his father, a poor gentleman getting on in years, wanted for his part of the debt to be forgiven he had to sign some documents giving up all his rights over the case. That was the only option that CDCD Partners was offering. Mr. U had no other option but to sign those papers since at that time he was in negotiations with his bank for a loan on another property and the bank was refusing to close because of the debt in the courts, which by the way, he had no knowledge of since none of us had received any notification from the courts at our homes.

Those same documents, which Mr. U signed, were then sent by our lawyer to Mr. Q and to Mr. D for them to sign. On August 15, 2013 Mr. Q could not continue with the case because it was affecting his health and nervous system. His wife advised him to sign in order to avoid bigger damages. This is simply blackmail what these people are doing in order to force to give up on our rights.

On August 14, 2013 I received an email from my lawyer proposing me to accept the offer these people were making me and I answered that I was not willing to accept such a proposal. I also insisted that I was demanding my day to testify in court. I had plenty of proofs to present. I also reminded her that based on the Senior Citizen law they could not delay it beyond 61 days.

My lawyer sent me an email telling me that I had to be present for a deposition on October 11, 2013. In that email she supplied me a list of about 33 things as far back as 2010 that I had to bring with me to the deposition. At no time did she supply any form of orientation how to defend myself from these buzzards that are like the communists, always looking to see who has a dollar and take it away from them.

The next day my daughter sent my lawyer an email asking if she happened to have a court order for such deposition. She replied that she did. My daughter asked for a copy. Several days later she sent the copy of the order dated after the day that she said she had the order in her power.

I went to see another lawyer and paid him to accompany me to this deposition. As soon as she found out I had hired another lawyer, she was so shameless that she sent my daughter an email that if I wanted to hire a lawyer, I could have hired her to represent me. What was it I had hired her to do up until that time?

My lawyer agreed so that the deposition could take place on October 15, 2013 at 12:30 PM. My daughter and I arrived around 12:00 PM with all of our documentation. They told us there must have been a misunderstanding because the appointment was for 1:30 PM. They did the same thing to Mr. EE. Just like the communists, they make an appointment for a certain time and then they see you whenever they feel like it. My daughter and I just took all our documentation back to the car and went to lunch.

The time of the deposition finally arrived, 1:30 PM, and there were my lawyer, a court interpreter, a court recorder, and my daughter. Mr. FF told my daughter that she could not be present during the proceedings and to please leave the office. My daughter had no other choice but to leave even though she was concerned because of all my cardiac problems. Thanks be to God nothing happened. After the fact we found out that asking my daughter to leave was illegal.

The deposition began and they asked me, "Do you swear to tell the truth?" I raised my hand and told them that I had always said the truth. They replied, "Sir, we are asking you if you swear to tell the truth?" I said "I do" and the witch-hunt began.

They asked for my bank statements from 2010 until the present date, credit cards, bonds, stock market accounts, debit cards, if I owned any businesses, if anybody owed me money, if I owned any property, Tax returns since 2010 until the present, if I was married, my mother's name, my children's names, my grandchildren's names, where they lived, etc. The list of things they asked for was so long I couldn't remember it all. Finally they asked when did I come over from Cuba. I answered that on July of 1960 and I would authorize them to investigate my life, because until the present date I had never had any problem with the law. I also added that I was very happy that I did not disappoint the country that lent me a hand.

After more than 3 hours of declaration (which meant it was costing me more since they had told me it would be 1 hour at the most and my lawyer was charging me by the hour), they asked me if I was receiving any retirement benefits. Mr. FF then made some remark about President Obama and since I did not catch what he said I asked him to repeat it, but he said it was best to leave it alone.

When we finished he asked if he could keep all my documents to make copies and that they would return them by mail. I asked my lawyer if it was ok and he said it would be no problem. A few days later I received them in the mail and when I was finally able to sit and check each item, I realized my Tax Return for 2010 was missing along with several bank statements. My daughter sent them an email immediately asking that those documents be returned to me and they sort of got irritated and told me they would send me copies.

When I went to deposition I went with the full intention of making some sort of arrangement with them and pay the amount I owed, $17,850 ($357,000 divided into the 20 owners involved in the case). What was my surprise when the gentleman informed me that me alone owed the $357,000 because the Honorable Judge S ordered that said amount could be charged to each one of us in the case. I told him that there was no way I could accept that ruling since this was a collective demand that amount had to be split equally among us. The gentleman proceeded to show me the court ordered signed my Judge S, which I cannot accept.

When this lawsuit began the demand was against the condominium association and we had to pay court costs for that trial with a special assessment that they imposed on us from 2006 until 2009. The total was $140,000. How is it possible that our lawyer accepted such an agreement? How come she did not demand of Judge S to ask these people to show paid bills proving how much was actually paid to their law firm, including the one they had already been paid by the association? This is no way to impart justice! I want to see the cancelled checks showing how much this firm was paid. I also cannot understand how the Honorable Judge decreed that entire amount could be charged to any of us when the association amount was not charged individually. I cannot help but think that something dirty is behind this decision.

When this lawsuit began in the year 2005 we started off with the Honorable Judge GG. Soon thereafter he left the case for reasons unknown. I do not know if he resigned, or lost his position after the elections. The thing is that then it fell into Honorable Judge T's hands. In the audience we had with her, she ordered mediation. During the hearing, the lawyer they sent to represent them addressed us using offensive language and the Judge ordered them to keep quiet. In this audience, the Judge was in agreement to give us just compensation if we did not reach any agreement during the mediation prior to our next hearing. Goes without saying, that the mediation was a failure since neither of the two parties could come to an agreement and what they had to offer was truly ridiculous.

Here the cheating began. Our lawyer called a meeting with us and told us that these people were trying to get Judge T out of the case. She told us that we could continue the case with her and suggested we put it to a vote. She placed a big emphasis for us not to ask for a trial by jury and for us to continue with this Judge and assured that at this stage of the game it would be impossible to get the judge changed. We followed her advised and fell in the trap. As expected they began pressuring for the Judge to be changed and one day we found out she resigned from the case without any motive. Immediately the Honorable Judge S replaced her and this gentleman rapidly closed the case stating that there was not enough proof to continue with it.

Looks like nobody has ever had anybody steal an apartment the way they stole it from lots of us at Condominium A. Or like some others, were blackmailed to sell at a price much lower than the true market value of the apartments. This gentleman has not had his property rights violated such as when they demolished our apartments with all our belongings still inside and not being able to do a thing, because when we went to get them, the property was all fenced in, and the keys to the enormous locks on the gates were nowhere to be found. This gentleman has not had his land sold at auction where they were the only ones to find out about said auction and were able to "steal" it for $3,000,000 when the land was worth more than $40,000,000 at the time. Obviously, this gentleman did not find out any of the countless things these people did in order to take over our property. Just in case, I would advise him not to buy any property with these people or he might run the risk of having the same thing happen to him. Without a doubt these people are nobody's friends and all they care about is Cash!

Trap number 2. After Judge S closed the case our lawyer filed an appeal. I have no idea who asked for the appeal because I found out about it through Mr. EE. With this action she took away our right to hire a different lawyer for the appeal.

Trap number 3. After our lawyer filed the appeal we had a hearing on April 5 and the only people informed of it were our lawyer and their lawyers. By chance, my daughter finds out about the hearing and we informed several of us involved in the case and we showed up to find out what was going on. Our lawyer was very surprised to see all the owners present. At this hearing, the lawyers from the other side claimed they had spent half a million dollars without taking any invoices, paid or otherwise. Our lawyer questioned the amount and the Judge gave them 10 days to come to an agreement. After this I did not hear a word from Rebecca until she asks to meet me at a conference room in a condominium on the beach. There she informs me that these people are willing to forgive our having to pay their court fees if we resigned the case. She then also informed me that the final amount agreed on was $357,000 and that the half a million dollars they had asked for was illegal. At that moment, I informed her that I wanted to continue with this case. I wonder why the Judge made the decision after the appeal and did not do it before. This makes me think that if we did not appeal they the fees would have to be split among us all since that would have been the end of the case, but if we appealed this was another card they could play to make us resign. This card was the decision that the full amount could be charged to each one of us. Thus they would forgive a non-existent debt and we would hand them over our rights on this case on a silver platter.

There is no doubt that this Judge was very kind with these people. First, he says there is no case and then he allows them to charge an enormous amount without any proof that such amount has actually been paid. Besides that, when I was summoned to the deposition, without a court order, when I asked for proof of such order as if by magic I got one dated after the summons. All of this makes me think that there is something not quite clean and needs investigating.

On November 1, 2013 I went to one of the banks that I have accounts in at 2:40 PM. I withdrew the amount of $1000 from my savings account. They gave me my receipt showing the balance on my 2 savings accounts and my checking account for more than $6000 total. Around 6:00 PM I received an amber alert on my cell phone that my accounts had been frozen. I called the bank and they informed me that it was by a court order for a case I had pending for HH for $357,000 and that bank regulations they had to hold the funds for double the amount, which would be $710,000.

On November 2 I received another communication from another bank where my account there was being frozen due to a legal proceeding from the court dated October 31. Then I received the same notification from the first bank dated November 1.

On November 3, I received a bill charging me a fee of $34 for the money I withdrew from my account. When I drew that money out, my account had no problem still. I could prove to them with my bank receipt that was showing the time and date and that the alert had not been received until 6:00 PM

Afterwards, I received a notification from the firm of II, NN, & FF with the information from the first bank, which by the way was erroneously in my son's name.

On November 4, I received notification about my Stock Market account from FF; on the 6th I received notification about freezing my account from a third bank. On that same day I also received notification from a Credit Union where I also have an account. On the 7th I received another notification from my first bank.

I also received a notification regarding an apartment I used to own in a city north of where I live, where they alleged that I had done a Quit Claim Deed in order to get rid of the property because of the court debt. The truth is that I had done the Quit Claim Deed on July 9, 2005 where I was including my son and my grandson on the property. The reason for that was that since I was still living in the property, if I were to take my name off, I would lose the Homestead Exemption. I only added them because at the time my health was rather poor and in case something happened to me, it would be easier for them transferring the property in their name.

On April 29, 2013 I made another Quit Claim Deed taking my name off the title because by that time I had remarried and I was living at my wife's home, therefore did not qualify for the Homestead Exemption. Another thing, I had no idea that debt could have been charged to me in its entirety since I had always been told that the debt was to be divided amongst all of those that had lost the case. The debt would then amount to around $20,000 per person. Amount that I was more than ready to pay, proof of which is that I actually had taken my checkbook with me to the deposition to pay my share.

On December 13, 2013, my lawyer Mr. JJ, asked me to stop by his office to sign some documents since he had won the case. He also asked me to bring my checkbook with me. The appointment was for 5 PM. I got there at 4:30 PM and there was another couple waiting. They called the couple first and when they were done they called me around 6:00 PM.

When I saw the documents in question, I realized that these were
the same documents that my other lawyer had sent me more than
15 days ago. These were the documents where I gave up all claim
on this case on behalf of those representing CDCD Partners.

I had already signed these documents more than a week ago
and given them to the other lawyer that works with Mr. JJ, but
he did not have them. Apparently she did not give them to him
because there was something wrong with the documents. We were
there arguing back and forth on something that could have been
remedied in 15 minutes, but the disagreement between JJ and his
aide took longer than the actual signing of the document. Without
a doubt, the real winners here were CDCD Partners, due to Judge
S's decision where the debt could be charged to each individual in
the case leaving us completely defeated since none of us were in a
position to pay $357,000. There was no other choice but to agree
to resign from the case so the debt could be forgiven.

This decision of Judge S gives me a lot to thing about and I have
spent many a sleepless night wondering where is the truth in that
decision. Now all I can do is wait for the return of my savings of 50
years of hard work that these people took away from me because of
a court order that I have yet to comprehend. In actuality I did not
steal anything from anybody. The one who had his apartment XXX
in Condominium A stolen from him was I. They not only stole my
apartment, but also more than $45,000 in lawyers' fees and special
assessments on the apartment and the land. In special assessments
alone we paid more than $150,000 for court costs on the case of
KK, LL & MM. Where was the Judge, who failed to see those
assessments, because as far as I know, there were no documents
presented in court of invoices, or cancelled checks that prove
that CDCD Partners spent $357,000 on this case? I have yet to
understand how my lawyer accepted this amount and furthermore
that it could be collected from each person individually. Looks like
my lawyer and Judge S were of a like mind because they failed to

refund the amount these people had already received in assessments or reduced from this amount.

After I signed the documents for Mr. JJ, I checked for several days to see if my funds in all 4 of my banks had been reinstated to their respective accounts. Seeing that they were taking their time, I called JJ to see if he knew what was going on. He told me he would check with the lawyers for CDCD Partners and get back to me. I did not receive any calls from him and on January 4 I left on a 7-day cruise. Upon my return, I called all my banks and saw that my funds had been reinstated.

In all honesty, I did not want to make any arrangements with these people and wanted to fight until the end. I even had my plans in case I lost the case. My plans were to wait for the inauguration of the new building and arrive there with all the documents, videos, and recordings in my possession. I would hand them over to the media present for the occasion and have them report the news as it happened where I took my own life so I could write in blood on the ground that was stolen away from some poor senior citizens.

I made the mistake (or perhaps it was luck) that I mentioned my plans to a family member, who in turned told my children.

My children came to see me immediately to get that crazy idea out of my head. They used some strong words to make me understand that how a good catholic man like me was even considering doing something that was so against our religion. They wanted to know if I had not thought about our family when I made that decision. They asked me to think about my family and how together we had always been and they could not believe that I thought that money was worth more than the pain I would have caused them. They wanted to know if I thought it was fair to take away from them the man who was the best father and the best grandfather ever, and who always thought more about his children than his own self. We had some family therapy for a while. They called my doctor and forced me to go see him. He prescribed some pills and thanks to God, that crazy idea left my head. I can also say that today, thank God; my mind is free from those evil thoughts.

I just want to point out that I was not doing all this for money. I was doing it foremost because I do not like to have people steal from me. I have never stolen anything from anybody and in the 54 years I have lived in this country, I have led an exemplary life. I was foreman in several companies I worked in, and even had a couple of businesses. Every time I run into one of my old employees and see how glad they are to see me, it makes me feel really happy

Several months ago I was attending a funeral service, and ran into a millionaire family member. He told me how bad he felt because as much money as he had, people never greeted him or anything, yet I did not have a penny to my name, and everybody was always glad to see me and talk with me. This filled me with joy and gave me more reason to continue being the way I am and help those that need it.

Besides that, God gave me a spiritual gift to help sick people. Not that I can cure them (that's what doctors are for) but I can diagnose if there is something that's not right at the moment. One of those that I was able to help was my own wife. Once I noticed that something in her body was wrong and I called the Rescue Service. When they checked her out in the hospital they found that she had 2 blood clots in her head. If it weren't for the fact that I acted when I did, she could have died or in the best of cases part of her body could have been paralyzed.

Several months ago, a gentleman from Santo Domingo was playing dominoes with 2 other gentlemen and I. I noticed that something was not right and called the owner of the day care unit and asked her to call the Rescue Service. They came and checked him and did not take him with them because his blood pressure and pulse were in good condition. When it was time to go home, I would not let him go alone and took him in my car to a local medical clinic where he usually received medical attention. I managed to get his doctor to see him and he told me that he had checked him in the morning and found him to be ok. Anyway, although he saw nothing wrong, he was going to give me a letter with his vital statistics so I could call the Rescue Service to check him. I called them and when they saw my friend, they informed me that they had already checked him out and he was fine. I told them that if they refused to take him to the hospital, that I personally was going to take him, but that if anything happened to him, it would be their responsibility. They finally agreed and took him to a nearby hospital emergency unit. When they left him in the hospital I went home. The next day I called the hospital to inquire about Sergio, and they told me they had admitted him, because they found 2 blood clots in his brain and was going to undergo surgery. He stayed hospitalized for a few days and I stopped by every day to visit. As far as I knew nobody else, not even his daughters, stopped by. Like this one, I can tell you countless incidents but just so that my book does not become endless I will only tell you one more that happened several years ago when I used to be the owner of a pharmacy.

We had closed the pharmacy down for the day around 9:00 PM and for some reason my partner, one of our employees, and I decided to stay talking right outside the pharmacy. This was something we were not in the habit of doing due to how bad the neighborhood had gotten lately. Suddenly this gentleman showed up with his wife begging us to please do something for his wife because she could not talk and he thought she was dying. My partner told the gentleman that the best thing was to take her to the hospital and if he did not have a car we would gladly take them. When I saw the lady's condition, something grabbed a hold of my mind and told me if we took her to the hospital, she would not get there alive. Immediately I brought them in the pharmacy and gave her a shot of Magnesium Sulphate and 2 50 mg Benadryl pills. A few minutes later the lady starting vomiting and changing colors like a chameleon. Finally the lady said a few words and right away something in my mind "said" I had saved her life. Later the husband told us that she had taken 2 penicillin pills and apparently this was what caused the problem. We then took them to the nearest hospital and left them in the Emergency Room. A few days later the gentleman came by to thank us for all we had done for them. In the hospital they had told him that his wife owed her life to the gentleman who had taken care of her without thought that he could have gotten in a really big trouble if she had died. I want to point out that in that moment, it was not me who was acting; it was as though someone had taken over my mind and was telling me what to do. Obviously God did not have plans for that lady to die, because by us staying talking after the pharmacy closed (again, something we never did) her husband was able to find us and save her.

I do not understand why I deviated from my narrative and I am telling you these things. It feels as though "something" is guiding me to write them. I never studied music and I do not know how to play any musical instrument and I had two left feet when it came to dancing. Nonetheless, one day musical compositions and lyrics started coming to my brain. At the beginning I did not pay any attention to this, but later I began to compose and was fortunate enough that a couple of orchestras recorded some of them.

Continuing with the Condominium A case, I do not have anything against these gentlemen's (if you can call them gentlemen) lawyers since they only did the job that they were paid to do. The day of the deposition they were very proper and as they asked I answered. If I left there as a loser, I owe it all to the Honorable Judge S. I feel that by having to protect the "innocents" and having to change Judge S's identity, those who read this book are not able to know who he really is and can avoid his re-election. On the other hand, if I ever need a lawyer to represent me in a case, the first firm I will think will be theirs and will hire them on the spot, assuming I can afford them.

In conclusion, the only person I do not forgive is my lawyer who did not perform at the level of professionalism that she told us she was. I can not affirm that she sold herself to the other side as some people attest, but I will not be surprised is she had some sort of agreement with these lawyers. It was sad that after she had charged us such an immense amount of money, during our meetings with here she acted as though she was their lawyer and not ours.

I also do not forgive Judge S, who without knowing absolutely anything about this case made such a quick decision. I am willing to bet that in the short time that it took him to come to a final decision that he could have read every item pertaining to the case. This case had been going on for about seven years and it is strange how with more than twenty-four people involved in the case this gentleman gave the verdict that each individual could be charged the full amount of $357,000. This makes me think (and since thinking is not a crime) that they could have come to this decision to put us between a rock and a hard place and finish this case once and for all. Our lawyer had thirty days to appeal this decision, why didn't she do it? Those of you reading these pages, what do you think? Probably the same thing I am thinking.

I forgive those that robbed me of my apartment because there are so many people that these people cheated that most likely not all of them have forgiven them. But I definitely will not be forgiving the Honorable Judge S and my lawyer because both of them failed to do their job. Perhaps my guiding angels and God might be willing to forgive them.

I also would like to mention that there need to be some changes made to the law. How is it possible that this case could go on for seven years and it is still not over? The time for trials such as these need to be reduced so they last no longer than three years. In the end the majority of the elderly people would be dead and those few, like me, who are left, are left penniless. It seems as though both parties get together and agree to make this last forever and continue making money off of us.

There needs to be an investigation as to why the judges dragged this case for so long, costing us thousands of dollars and where we not only had to pay for our lawyers but also for theirs.

There needs to be an investigation as to why they filed two foreclosures on my property when I had paid every penny owed. They were only spending our money in unnecessary matters. I wonder if it is not a crime to file a foreclosure on a property for no reason whatsoever and no money is owed. They never reimbursed me for one single cent of what they paid in court and lawyers fees. But as always, our lawyer agreed with every bad thing these people did.

There needs to be an investigation what business went on with the insurance. Where did they put all the money that was paid by the insurance company? Nobody ever saw a copy of the check or found out how much was paid.

There needs to be an investigation as to why they used our property to park cars and heavy equipment from the construction going on in E Condominium damaging our land further.

There needs to be an investigation as to why they demolished our property and flattened our land, yet we were still paying $130 maintenance fees. Said amount also included an amount that was set in order to pay court and lawyer fees for pending cases. I bet you anything that Judge S never saw any of this when he decided to terminate the case.

There needs to be an investigation as to why during a meeting we had with our lawyer, she advised us not to pay the reserve payment of $807.49 which was illegal. She had filed a lawsuit and prior to that case being heard in court, they filed foreclosures against all of us. When they lost the case, as far as I know, they never refunded any of that money. This was because our lawyer who was very generous with these people agreed that each part should pay their expenses. I did not pay attention to my lawyer and continued paying my fee monthly. When they lost the case they sent me a check for the amount I had paid.

There needs to be an investigation if in all the apartments that they purchased, they deposited in our bank account the maintenance fees that were in arrears for those units. Many of those owners had not paid their maintenance fees in a long time, but when someone purchases their unit, they must assume the debt. As far as I know nobody ever saw that money in our account.

There needs to be an investigation as to why the majority of owners were pressured into selling for an amount imposed by them, which was way below the market value. They did not care the least that these were elderly people that only wanted a little place on the beach in which to live their last days on this earth.

There needs to be an investigation as to why in one of the last meetings that were held in a restaurant on the beach. After the meeting, those of us who attended, were served breakfast. Most of us left without tasting one bite. I have no idea who paid, but you can bet your life that we also paid for that breakfast as though it was made of gold.

There needs to be an investigation as to why when the property was offered at auction, our lawyer failed to communicate this to any of the defendants. Later in another meeting she told us the reason was that the letters had disappeared from her desktop. If she had the originals, why didn't she make other copies and sent again? We would also love to find out why she never answered any of our telephone calls.

There needs to be an investigation as why our lawyer accepted the decision for us to pay such an exorbitant amount of money without taking into consideration all that we had already paid through the Association. Why didn't she ever ask for a statement and copies of the cancelled checks from CDCD Partners to the legal firm? We would also like to know why she insisted so much in the fact that this should not be a trial by jury and assured us that the Judge agreed with us completely and that at that point in the case she could not be removed from the case.

There should be an investigation to find out if Judge S is a prodigy since he was able to resolve this case that had been in court for seven years. With the amount of documents that must have accumulated and needed to be studied in this case anybody would have taken at least another year to resolve this case. But, the Honorable Judge S was able to solve this faster than a speeding bullet. One thing for sure, he was extremely generous with these people. He simply gave them all that they asked for and this way got the case off his list. No doubt he must have also known that when he decided that the full amount of the debt could be charged to each and every one of us was the final knife thrust.

There needs to be an investigation as to why when they celebrated an audience, which we found out about on the internet by sheer luck, Judge S reprimanded Mr. U and threatened to evict him from the room simply because he made a face when he heard that their lawyers were asking for a half a million dollars in fees. On the other hand, during another audience when one of the lawyers representing CDCD Partners, told us that we were nothing but a bunch of pigs that the more they eat the more they want, Judge S did not reprimand them for the insult. As far as I am concerned, Mr. U was not breaking any laws by changing the expression of his face. I can assure you that if I had been there upon hearing this person ask for a half a million dollars I would have screamed "Ñooooooooooooooooooooo!" like our famous comedian Alvarez Guedes.

In conclusion, I thank all of you who read these pages. Those of you who do not read them I can only wish that if they ever find themselves in a situation such as mine they sell for whatever they care to offer. Without a doubt the big fish will always eat the little fish. It is known that all human beings have a price and through this case there passed lots of people that had their price. If the shoe fits, wear it.

Thank You and may God bless you

Chato Izquierdo

El Poder del Dinero: La verdadera historia de un condominio en la playa

Por

Chato Izquierdo

INTRODUCCION

En los años 90 en una época donde la economía de nuestra ciudad estaba muy mala, se puso de moda convertir hoteles y/o moteles en condominios situados en la playa cerca de la ciudad donde vivo. Impulsado por amistades del mismo pueblo natal que yo y de mi segunda esposa (ya fallecida) compramos un condominio con la idea de que mis hijos y nietos pudieran usarlo para descansar y cuando yo y mi esposa llegáramos a la edad del retiro vivir los anos que nos quedara junto al mar.

La economía prosperó. Las propiedades subieron de valor. Empezaron a constrúir condominios de lujo y ciertos contratistas le echaron el ojo a nuestro pequeño condominio con fines de apropiárselo para seguir construyendo.

La frustración de como poco a poco estos individuos se fueron quedando con nuestra propiedad y como al final terminaron por robarnos lo nuestro, fué lo que me llevó a tomar papel y lápiz y apuntar mis ideas e impresiones durante el proceso. Eso es lo fué narra este libro. Claro está que para poder contarles mi historia fue necesario cambiar los nombres de los "inocentes" y todo lo relacionado con el caso. Pero en realidad no importa, porque situaciones como estas ocurren en todas partes del planeta donde existan poderosos que creen que tienen el derecho de pisotear y robar a los que consideran que son menos que ellos.

Si mi historia ayuda a otros a abrir sus ojos y evitar que esto le suceda, me doy por complacido.

Soy dueño del apto XXX del Condominio A situado en una playa cualquiera de nuestro país.

Yo compré con mi esposa, ya fallecida, con la idea de poder pasar unos días tranquilos en unión de mi familia al llegar la edad de mi retiro. Todo iba normal hasta que una compañía que ahora no recuerdo el nombre empezó a comprar apartamentos con la idea de construir otro edificio como los que tenemos en cada lado del nuestro.

En Diciembre del 2005 me llamo el señor A para decirme que si quería vender mi apartamento en $200,000 como el había vendido los suyos. Yo le contesté que si. Media hora después me llamó el representante de la compañía que estaba comprando para decirme que me compraba el apartamento pero tenia que ser ese mismo día. Yo le dije que ese mismo día no podía porque tenía una cita con el médico y que además yo necesitaba alguien que me asesorara con la venta. El señor me dijo que me llamaba luego y hasta ahora estoy esperando que me llame.

La razón que ellos querían la venta ese mismo día era para ser dueños de la mayoría de las unidades, porque los dueños habían recogido firmas para reemplazar la asociación. Como no pudieron comprarme, el Sr. A le habló a otros dueños y pudieron comprar ese mismo día varios apartamentos y evitaron se reemplazara la asociación.

Después que estos señores cogieron la asociación aquí empezaron los problemas. Cuando yo compré este apartamento en los 90 allí no pasaba nada. El edificio que estaba un poco abandonado lo arreglamos, exterior e interior, con nuestros esfuerzos de trabajo y dinero. Antes que llegaran esta gente allí no había robo, ni accidentes ni escándalo. Todo funcionaba como personas decentes que éramos los que habíamos comprado en ese edificio.

La policía de seguridad solo la usábamos los fines de semanas largos como 4 de Julio para evitar que personas que no eran dueños usaran nuestros parqueos. Sin embargo, cuando llegaron estos señores pusieron policía de seguridad y lo hicieron sin consentimiento alguno usando un dinero que no estaba autorizado para eso. Cuando pusieron esa seguridad, los apartamentos de ellos estaban cerrados y adentro no había nada que llevarse. Los dueños que vendieron se habían llevado todo lo que había dentro. Eso lo hicieron con una razón, seguir la extorsión con la idea que pagáramos el mantenimiento más alto posible. El mantenimiento era de $150 y trataron de cobrarnos más de $400 con la idea de amedrentarnos y tratar de comprarnos los apartamentos por el menor precio posible.

Cuando el Sr. A me llamó para que yo vendiera mi apartamento me dijo que ellos me daban $200,000 y después si los restante ellos lo compraban a mayor precio me pagaban la diferencia.

Que hicieron? Lo compraron con la compañía BC Developers y después para no tener que pagarle al Sr. A y los demás, se lo vendieron a otra compañía. Esa compañía es de ellos mismos pero así se evitaron tener que pagar la diferencia que en estos momentos es de $125,000 ya que en estos momentos están pagando $325,000.

Por cierto cuando vendieron le pasaron la asociación a otra compañía sin convocar elecciones. Eso a mi entender es ilegal, lo llevamos a corte y todavía estamos esperando a ver que pasa.

Cuando llego el ciclón Wilma, estos señores dejaron abiertas las puertas y ventanas de varios de sus apartamentos que dan frente a la piscina. Pienso yo que esto fué con la idea de que el viento entrara dentro de los apartamentos, levantaran los techos e hicieran el daño mayor posible. Esto en el meeting que dieron el 31 de Marzo uno de nuestros miembros se lo dijo y ellos no lo rechazaron.

Enseguida que paso el ciclón sin consultar con un ingeniero o contratista a los dos días empezaron a cerrar con alambre casi todo el edificio donde nadie podía pasar. Hasta la parte donde doblaban los carros para salir del parqueo fué clausurado. Esto lo hicieron para chantajearnos y ponernos las cosas más difíciles. Pueden decirme en que reunión se autorizó para poner esos alambres y de donde sacaron el dinero para pagarlo?

Los parqueos de nosotros fueron utilizados ilegalmente para la construcción del edificio E Condominium. Metieron equipos pesados, grúas, herramientas, concreteras, todo los equipos que ellos no podían tener en el otro lado. Usaron los apartamentos de ellos para guardar cosas de la construcción. Nos dañaron parte del parqueo y muchas partes del edificio con todos esos equipos pesados pasando por nuestra propiedad.

A varias semanas de tomar posesion la asociación se valieron de la ciudad de "Any Beach" (no sé como lo hicieron y me hace pensar que hay algo debajo del tapete) para certificar 40 años de fabricación del edificio. El ingeniero de la ciudad certificó que los balcones estaban malos. En eso el ingeniero se equivocó porque esos balcones estaban en perfecta condiciones, hasta que esta gente mandaron sus empleados a desbaratarlos. Esto lo hicieron para obligar que pagáramos un assessment que no podíamos pagar. Me puede decir la ciudad de "Any Beach" por que en el tiempo que esta gente asumió el board no se le hizo la certificación antes? Porque no lo hicieron cuando estaba la asociación de los pobres? Yo no se si fue decisión de la ciudad de hacer la certificación o fué mandado hacer por el board de la asociación. Si fué por la asociación no tenía necesidad de involucrar la ciudad porque ellos con llamar a su amiguito Sr. F hubiéramos resuelto nosotros mismos. Claro, las intenciones eran apretarnos para al final quedarse con nuestro edificio para sus propósitos. Y algo mas, me puede decir la ciudad de "Any Beach" por que no certificó los edificios del frente y muchos otros edificios del área que están en peores condiciones que el de nosotros? Claro no dan al océano y ellos ahora no lo necesitan para entregárselo a los millonarios. Cuando lo necesiten, entonces lo van a certificar y sacaran a esas gentes como hoy están tratando de sacarnos a nosotros.

Yo no estoy en contra de venderle porque el progreso tiene que continuar pero solo exijo que me paguen el valor real que tiene mi propiedad.

Después que llegó esta asociación en un lugar donde nunca pasaba nada, empezó el vandalismo. Empezaron a robarse los aires acondicionados y artículos de los apartamentos entre otras cosas. Que casualidad que esto empieza a pasar después que ellos empiezan a destruir nuestro edificio. Que yo sepa la asociación nunca contactó a la policía para denunciar los vandalismos a nuestra propiedad. Estas gente se parecen a los comunistas que forman el caos y después se quedan con todo.

Estando yo en una ciudad del Noroeste del pais, me llamó mi hija y me dijo que mi apartamento estaba inundado de agua. Ella llamó un plomero y le dijo que todo estaba perfectamente bien dentro de mi unidad. Según el plomero, el agua venía del apartamento de arriba que aparentemente tenían una llave de agua abierta todo el día botando agua. Según ellos el apartamento estaba habitado por un señor mayor de edad cuando en realidad el apartamento estaba vacío. La razón que tenían la llave abierta me hace pensar que era para gastar una cantidad mayor de agua para mantener el mantenimiento lo mas alto posible. Mi hija trató de contactarlos varias veces por teléfono e e-mail y nunca contestaron. En vista que no pudo comunicarse con la asociación llamó a la policía y la policía le dijo que eso había que resolverlo en corte civil, pero que quedaba el record de la llamada. después que llamó a la policía, parece que alguien se lo dijo y el agua paró en mi apartamento. Los daños no fueron muchos por lo que no le puse ninguna demanda.

Después del meeting del día 31 de Marzo pusieron unos letreros en la puerta de mi apartamento, diciendo que mi apartamento no estaba seguro. No se si fué la ciudad o la asociación. Aunque yo culpo mas a la ciudad de "Any Beach" por prestarse para estas cosas contra infelices que lo único malo que han hecho es darle el voto para que ellos estén en esa posición. No entiendo por que se están prestando para esto. Yo creo que eso se debe investigar. Nosotros queremos vender, pero no que se nos roben.

Mi apartamento si alguien quiere ir a inspeccionarlo, está completamente nuevo. Bien mantenido su baño, su cocina, sus gabinetes, en conclusión todo completo. Prueba es que después que vino el ciclón, ellos declararon a una cantidad de apartamentos en ruina y entre ellos no está el mío... Como es posible que después que pasó el ciclón la ciudad testificó que mi apartamento estaba en perfectas condiciones y sin pasar más ciclones y ni llover siquiera mi apartamento se puso en tan malas condiciones que había que demolerlo? Por que anteriormente las estructuras estaban bien y en varios meses estaban mal?. Parece que no quieren esperar para demoler el edificio. Al final no se cuales serán las ideas de ellos. Se lo preguntamos varias veces en el meeting y no quisieron dar respuesta. Yo se que van a pasar mas cosas antes de el final de la película.

Nosotros (los 44 que no habíamos vendido) pusimos una intención de contrato con una compañía del Noreste del país por la cantidad de medio millón por apartamento. El contrato tenia que ser aprobado por la asociación en un término de 15 días. Como ellos no aceptaron la proposición, entonces la compañía trató de comprarle los apartamentos a ellos por la misma cantidad y no aceptaron. después me enteré que el señor que representaba a la compañía y que hizo los contratos, le vendió por 325,000 varios apartamentos que el tenía. Ellos nos ofrecieron $200,000 en las manos y $125,000 a pagar en un meeting cuando se terminara el edificio. Como es posible aceptar eso de una gente que por su manera de actuar parecen unos tramposos? En ese momento yo hubiera aceptado los $325,000 en un solo pago para evitar que después me digan que el edificio nunca se terminaría o se vayan a bancarrota.

Además ellos hicieron un assessment para arreglar ciertas cosas en el edificio y después usaron ese dinero en otras cosas que no se acordó en el meeting sin hacer una nueva reunión y cambiar el assessment. No se en que lo gastaron porque en estos momentos no hay noticias para que lo usaron, porque para comunicarse con esta gente hay que rezar a la virgen para que contesten.

Yo le llevé al "Senador Estatal G" una grabación del meeting del 31 de Marzo y una grabación con mi voz de todas las cosas que están pasando en este condominio con la idea de que se hagan leyes para evitar estas cosas en el futuro. Me llevaron a una compañía de abogados en una ciudad en el condado al norte del nuestro para una deposición sobre una demanda que nosotros le estamos poniendo sobre las elecciones de Julio del 2005.

Después que esta administración empezó a gobernar, empezaron los aumentos de gastos con la sola idea de hacernos la vida imposible para poder comprar los apartamentos al precio mas bajo posible. Por ejemplo, la compañía que administraba nuestro edificio "H Account" fué cambiada por la asociación por otra compañía que se le pagaba mucho más que lo que se le pagaba a "H Account". Cual fué la razón del cambio? La razón pienso yo fué para aumentar los gastos y poder subir el mantenimiento lo mas alto posible. Y lo otro, que la compañía de estos tiburones que llegaron a la playa ahora la podrían controlar a su manera y así, pienso yo, que ellos podrían hacer lo que quisieran. Por ejemplo, el señor que limpiaba se le aumentó el sueldo cuando este señor no tenía ni el 30% de la limpieza de cuando el edificio operaba al 100%. Los pocos lugares que se podían limpiar eran el salón de reunión.

El salón de reunión recuerdo que tuvieron que cambiarlo de donde se jugaba dominó porque vandalizaron hasta los aires acondicionados. Ese salón las 2 veces que fuí allí para la reunión fuí al baño y el baño estaba cochino lleno de papeles, latas de cervezas dentro del urinario, colillas de cigarros y cabos de tabaco y tuve que ir a mi apartamento porque el mal olor no había quien lo aguantara. Si el señor que limpiaba tenía el salón de reunión en estas condiciones no había por que aumentarle el sueldo, había que botarlo. Esto me hace pensar que le aumentaron porque estaba haciendo lo que estos tiburones querían. En el último reporte de gastos, el agua había subido. Como es posible si el 60% del edifico estaba deshabitado pagar mas de agua que cuando vivía el 100%. Por que se le pagaba tanto a la compañía de cable si solo quedaban unos cuantos apartamentos habitables. Cada vez que hacen un meeting lo hacen por la mañana en días de trabajo. Pienso que lo hacen así para evitar que puedan asistir gran parte de los miembros porque a esa hora mucho de ellos trabajan.

Nos cortaron la electricidad en todos los apartamentos. Hicieron esto abusando de personas mayores que no tienen capacidad para defenderse como el dueño del restaurante que tiene un buen abogado y como es comercial puede causarle un buen problema. Como es posible que si había un problema eléctrico en el edificio no lo había afuera en el restaurante si todo era el mismo edificio. Pienso yo que ellos usan nuestra electricidad para trabajos en el otro edificio y no les convenía cortarla. Yo tengo fotos y video de mi apartamento para demostrar que allí no había problema de ningún tipo

En el meeting del dia 31 de Marzo ellos dijeron que había que demoler el edificio y tenían una compañía de demolición que cobraban una cantidad mayor al verdadero costo. Uno de los dueños le dijo que eso de demoler era lo que el mas conocía y podía conseguir un precio mas barato. No creo que ellos van a aceptarlo porque ellos lo que quieren es coger el dinero del seguro y pagar la demolición y cogerse parte del dinero. Me pueden decir porque cada vez que hay una reunión nosotros tenemos que pagar por un abogado para que esté allí sin hacer nada. Eso no pasaba cuando no estaba esta asociación a pesar de que siempre discrepábamos.

Después de eso fui con mi hija y mi señora a pasarnos unos días y por sorpresa no había electricidad. Las cosas del Frigidaire estaban en mal estado y con peste. Ví al señor de la limpieza y me dijo que habían cortado la luz unos días antes. Pensé que la habían cortado en todo el edificio pero por sorpresa ví que había luz afuera del edificio y en el restaurante. Por que cortaron la luz de los apartamentos y no cortaron afuera ni la del restaurante? Que ellos contesten esa pregunta y también porque me la cortaron a mí si mí apartamento no fué declarado en ruina como otros 16 mas en Noviembre. Como es posible que ellos digan que van a demoler el edificio y por otra parte en el mismo meeting del 31 dijeron que habían contratado a unos liquidadores para que la compañía de seguro pagara los verdaderos daños. Es que acaso los liquidadores van a ver los daños el ciclón le hizo a la tierra? Cuando lleguen a tasar no pueden hacer nada porque ya el edificio está completamente demolido. Si hay que demoler el edificio porque no le piden a la compañía de seguro el pago total del edifico porque el ciclón dañó todo el edificio. Claro eso no conviene porque entonces la bronca va a ser entre ustedes, la ciudad de "Any Beach" y la compañía de seguro. Y entonces eso les pudiera causar a ustedes grandes problemas.

En estos momentos yo estoy pagando $807.49 mensuales de mantenimiento y $1800.00 de impuestos mas un special assessment por $2800 para la demolición, y resulta que no puedo usar mi apartamento, ni puedo rentar, y ni mis hijos ni mi familia o mis nietos lo pueden usar. No es justo que un hombre que trabajo por 45 años en este país y que tiene un retiro que apenas le alcanza para vivir vengan estos tramposos y le vengan a robar la poca cosa que tiene, pagando mas de $1000.00 mensuales sin tener ningún beneficio.

Yo seguiré pagando a estos tramposos hasta que llegue el final de la película donde yo se que resplandecerá la ley y la justicia. Pero según vayan pasando los días y las cosas sigan aumentando yo voy a seguir escribiendo.

Los primeros días del mes de Julio del 2006 se convocó a un meeting para elegir la directiva. Fuí para verle la cara a estos señores porque las elecciones eran igual que las que hace Fidel en Cuba, ya que se sabía el ganador antes de que se celebraran. Aproveché para ver mi apartamento que desde que le cortaron la luz no había ido mas y cuando llegué no pude entrar ya que me rompieron los llavines de la puerta tratando de entrar, y al no poder le entraron a golpes y patadas. Jorobaron la puerta y rompieron los llavines. Vandalizaron el aire acondicionado por la parte de afuera. Yo llamé a la policía e hice un reporte. Donde estaban los securities invencibles que esta gente contrataron y pagan una cantidad desorbitante con nuestro dinero y no se ven por ningún lado? A unos días fuí con un cerrajero y sacó el llavín que no abría y pude entrar en mi apartamento. En ese dia no se habían llevado nada de mi apartamento.

Después seguí recibiendo papeles que ya ni los leo, uno con una cantidad enorme de la corte, otros del condado, otros de special assessment que lo suspendieron para Octubre y después el de Octubre donde nos pusieron una cuota de $807 mensuales retroactivo al més de Julio. Estos señores todos los special assessment los han hecho retroactivos para molestarnos y volvernos locos. A mí me mandaron una cuenta extra como si yo no hubiera pagado el assessment anterior y exigiéndome una copia. Si yo lo pagué donde ellos metieron ese dinero que cobraron a mí banco donde yo tengo pruebas?

A finales de Octubre o principio de Noviembre volví a mi apartamento para buscar unas cosas que le iba a regalar a mí hermano que se iba para Santo Domingo y que sorpresa la mia cuando vi todo el edificio cerrado con cerca de madera y tremendos candados. No pude entrar a mi propiedad. Llamé varias veces a los teléfonos que tengo de ellos para ver si conseguía llave de los candados, pero nunca pude contactar a nadie. Eso es una violación a mi derecho de propiedad. Desde que esta gente llegaron llevan varios años desbaratando el edificio y sacándonos todo el dinero posible para obligarnos a vender al precio que ellos quieran no al verdadero valor de la propiedad.

Ellos compraron varios apartamentos a $325,000 y en un meeting que tuvimos con nuestra abogada dijo que lo único que habían ofrecido era $225,000 por apartamento. Yo soy un pobre retirado y ya el dinero que me entra no me alcanza para cubrir todo lo que piden y seguirán aumentando los pedidos hasta que alguien los pare. Yo pienso que a pesar que tengo 77 años y con una operación grande en la columna, otra en la rodilla y un marca-pasos, voy a tener que buscar un trabajo para poder cubrir todo lo que ellos piden y así resistir hasta el final.

El dia 6 de Noviembre nuestra abogada hizo una reunión en un local que conseguimos prestado porque esta gente no han dejado ni donde reunirnos y me enteré que mi apartamento había sido demolido. Como es posible que mi apartamento haya sido demolido con mis pertenencias adentro: refrigerador, microwave, televisor, enseres de cocina, en fin todo lo que había y no se me comunicó? Muchos días antes cercaron el edificio y no le dieron una llave a nadie para que pudieran sacar sus pertenencias. La Sra. I se cansó de pedir las llaves y siempre le decían mañana y a mi no me atendían en el teléfono. Ahora para cerrarme mas me mandan una carta con un special assessment con $600 de reserva y $200 de mantenimiento. Como es posible, si el edificio está demolido, que vayamos a pagar esa cantidad de dinero? Eso lo hacen con la idea de que muchos no tengan ese dinero y ponerle un lien contra la propiedad y despúes llevarlos a foreclosure. Y también para meternos miedo y obligarnos a vender al precio que a ellos le conviene.

Yo espero que se haga una investigación a la ciudad de "Any Beach" ya que se prestó con sus decisiones a demoler un edificio que estaba en buenas condiciones para complacer a los millonarios y poder recaudar mas impuestos afectando a infelices personas que lo único que querían era poder pasar su vejez en un lugar donde podían combatir el stress que causan los años.

El dia 12 de Mayo del 2007 recibí una carta certificada del abogado J. K localizado en una de las áreas mas afluentes de nuestra ciudad. En dicha carta me comunicaba, por mediación de la corte, que mis pagos de mantenimiento estaban atrasados por varios meses. Quizás el abogado estuvo mal informado ya que mis pagos están al dia y tengo prueba con copias de los cheques cobrados. después el siguiente dia recibí otra carta sin certificar igualita que la anterior. En esa carta decían que habían mandado 2 certificados más, uno a la dirección del condominio y el otro a mi domicilio. Si ellos sabían que ese edificio estaba derrumbado, cual era el motivo de enviar un certificado allí? El certificado a mi otra dirección, en el sobre, en vez de poner 20 Avenida pusieron 29 Avenida. El pago del assessment de demolición nunca me lo mandaron a cobrar. Yo me enteré de ese pago cuando recibí la carta del abogado y enseguida fuí a pagarlo personalmente. Yo creía que ellos lo habían pagado usando el dinero del seguro o el de reserva.

Los cheques que yo mando los días primeros siempre lo cobran hasta 29 días después que lo reciben. El pago del mes de Mayo, el 6 de Junio todavía no lo habían cobrado y viendo esas irregularidades les mandé el pago de Junio certificado. El cheque del assessment de $2871.93 se lo entregué en Junio 17 y hasta el dia 7 de Julio todavía no lo habían cobrado.

Yo tomé una foto como unos días después del meeting del assessment de la demolición cuando cercaron el edificio sin informarle a todos los dueños. Traté de conseguir una llave del candado pero nunca estaba la persona que tenía que dar la llave. Me demolieron mi apartamento con todo adentro. A mi no me duele mucho las pertenencias que habían dentro que costarían unos $20,000. Lo que si me afectó es que yo tenía guardado allí mis arreglos de composiciones musicales que hice en los años 70 y ahora me va a costar mucho dinero que me la vuelvan hacer.

Yo quisiera que Uds. investiguen cuanto pagaron por la renta de todos los hierros que pusieron en los balcones que no eran necesario. Y la otra pregunta es por qué no los arreglaron. Obviamente ellos no querían arreglarlo y lo que querían era hacernos gastar bastante dinero para ponernos el mantenimiento más alto cada año y así obligarnos a vender a un precio mas bajo que el mercado.

Todavía hay muchas cosas mas pero si sigo este escrito seria interminable.

Me gustaría que alguien investigara el por que el juez ha prolongado el juicio. Esto nos está costando miles de dólares. Nosotros tenemos que pagar nuestros abogados y los de ellos con honorarios bastante altos de ambas partes.

Por que hicieron un foreclosure en mi propiedad dos veces, cuando yo había pagado hasta el último centavo?. están gastando el dinero en procesos que no son necesarios.

También quisiera que alguien investigara por que usaban nuestra propiedad para estacionar los carros y equipos pesados del E Condominium cuando eso era ilegal.

Por que estamos pagando $130 de mantenimiento cuando todo lo que queda es un lote vacío? En una reunión que tuvimos, nuestro abogado sugirió que no pagáramos el assessment anual de reserva, ya que mientras esto estuviera en corte no podían hacer demanda alguna. Entonces cual era el motivo de tantos foreclosures si el juicio no estaba terminado? Yo tengo la impresión que nuestra abogada no está trabajando al nivel que se espera de un buen abogado.

Yo quiero que alguien investigue si se depositó en nuestra cuenta bancaria la cantidad necesaria para cubrir todos las deudas pendientes de los apartamentos que compraron. Muchos de ellos no estaban pagando el mantenimiento o el assessment anual de reserva por la cantidad de $807.49 porque les dijeron que no era necesario.

Hay varios dueños que fueron forzados a vender a cualquier precio que les quisieran pagar. Estos eran personas mayores retiradas que no podían resistir mas, y para no perderlo todo, tuvieron que rendirse por falta de fondos para seguir peleando.

La última reunión fué hecha en un restaurante en la playa donde se nos sirvió desayuno a los presentes. Muchos se fueron sin comer. No tengo idea de cuanto se pagó por esto, pero le apuesto cualquier cosa que lo pagamos como si fuera oro. Después de la demolición nos pusieron un assessment de $55 desde Agosto del 2008 hasta Agosto del 2009 para mantenimiento de tierra y no se que cosa mas. Después de Agosto del 2009 pararon de cobrar por mantenimiento.. En ese transcurso compraron varios apartamentos que pagaron desde $220,000 hasta $280,000. Entre esos estaba el Sr. L. Estos individuos fueron unos traidores que sin necesidad de dinero, vendieron por ambición. Estos eran los que cuando hacían reunión eran los que mas se oponían a vender. El Sr. L falleció y le pido a Dios que le de mucha luz a su espíritu porque en fin no fué mala persona. También compraron el apartamento de la Sra. M por $200,000. Ella tuvo que vender por necesidad ya que no tenia dinero para pagar tanto mantenimiento y gasto de abogado.

Mas tarde recibí una carta de mi abogada con una cuenta de $1600.00 que me negué a pagar porque esa cuenta por la fecha que aparecían en ella yo tenia record que estaba pagada. Me amenazó que si no se la pagaba no me seguía defendiendo en el juicio.

Fuí a ver a varios abogados para quitarle mi caso pero ninguno se quiso hacer cargo del caso por lo complicado y costoso. Después fui al Florida Bar y pedí las planillas para que ellos hicieran algo, pero no las presenté porque mi hija me recomendó que le pagara a la abogada para no seguir complicando mas las cosas, ya que dentro de unos días se iba a celebrar el juicio en Mayo 19 del 2010.

Anteriormente la abogada mando una carta con fecha del 6 de Marzo del 2010 con una oferta de estos señores de $35,000 por apartamento.

El juicio como siempre se volvió a suspender porque el juez tenia el caso de unos de los jugadores de baloncesto del equipo local, y le pareció que era mas importante que el de nosotros, a pesar que ese caso no tenía mucho tiempo en corte. Corrimos con la suerte que sacaron el juez del caso. No se si fué porque perdió el cargo en las elecciones o simplemente lo sacaron del caso.

En Febrero del 2011 el Sr. N me llamó que habían echo la partición de la tierra y que la compró la misma compañía de ellos en $3,000,000 y que nos darían $27,000 por unidad. Como es posible que pasara eso si nadie de los que estamos en el caso recibimos ninguna comunicación ni de ellos ni de nuestra abogada. Tampoco vimos esa subasta en ninguna prensa local.

A la semana siguiente la abogada nos convocó a una reunión de los dueños. En la reunión le pregunté que como fué posible hicieran esa subasta y ella no mandó ninguna información. Ella dijo que trató de mandarla pero que alguien se robó las cartas de su oficina. No entiendo como si ella tiene que conservar esos récords no hizo copias y las envío de nuevo.

No se como fué esa subasta ni en que prensa la anunciaron, pero ellos fueron los únicos que asistieron. Nosotros podíamos haber hecho una oferta en la subasta si hubiese sido una subasta sin trampa. En la forma que la hicieron no nos dieron oportunidad porque no les convenía. Esa tierra hoy tiene un valor aproximado de mas de $20,000,000

Llegó el dia del juicio pero la jueza ordenó una mediación dentro de los 30 días siguientes y continuar el juicio del 13 de Junio

Yo no fuí al juicio porque tenía la presión alta y temí que al escuchar tantas mentiras de estos señores la presión se me iba a poner por el cielo.

Después del juicio tuvimos una reunión para decidir los pasos a seguir y decidimos seguir el juicio con la jueza porque confiamos en las cortes de este gran país. Discutimos que hacer con la mediación que la jueza mandó hacer dentro de 30 días.

Llegó el dia de la mediación y no se llegó a ningún acuerdo. Nos ofrecieron $3,500 por apartamento y después de reunirse con el mediador, que por cierto fué muy profesional, llegaron a $75,000 y como no hubo acuerdo decidimos esperar al juicio el dia 13 de Junio.

El dia 9 recibí una carta de mi abogada cobrándome la cantidad de $2,217.54 por el trabajo de la mediación que tuvimos; mediación que se sabía de antemano que no se iba a llegar a ningún acuerdo porque en la mediación anterior ni siquiera hicieron alguna oferta. El total de la cuenta de mi abogada fue $44,350.74 dividido entre 20 unidades.

A los varios días de la mediación el hijo mío. que vive frente al condominio me dijo que estaban usando la tierra como parqueo del edificio de ellos. Yo fuí al siguiente dia y le tiré fotos con un valet parking sentado en el frente y varios carros parqueados.

Yo espero que esto se termine el dia 13 de Junio porque si esto sigue no me va alcanzar para seguir pagando tanta corte y abogado. De lo contrario como todos somos personas mayores cuando esto se termine vamos a estar todos enterrados en el cementerio

En Mayo 3 del 2011 recibí una carta de mi abogada para una reunión en Mayo 3 a las 6 de la tarde para informarme sobre la apelación de la partición y una proposición que nos hacían estos señores de $68,000 por unidad. La apelación fué rechazada por la corte sin dar explicaciones de por qué fué rechazada. después la abogada nos dijo que antes del dia 9 de Mayo teníamos que darle individualmente cuanto queríamos por unidad. Nosotros nos pusimos de acuerdo allí mismo de la cantidad pero la abogada dijo que por orden de la corte teníamos que llamarla individualmente y decirle la cantidad confidencialmente. Yo creo que ella trato de dividirnos ya que no se con que razón convocó esa reunión si allí no podíamos decidir nada. Para eso me hubiera mandado por correo la decisión de la corte y nos habríamos ahorrado lo que se le pagó por la reunión.

En la reunión la abogada dijo que los jueces se estaban cansando del tiempo que lleva este juicio. Los culpables no somos nosotros, si no ellos que parece que son presionados por intereses creados y la abogada que nos ha exprimido nuestros bolsillos hasta que llegue el momento que no tengamos un centavo para seguir este juicio y tengamos que regalarle nuestra unidad a estos señores.

En esta reunión noté la abogada estaba un poco extraña y de mal humor. Parecía como que estaba defendiendo a la parte contraria.

Es posible que ese dia hubiera tenido un problema que no tuviera nada que ver con el caso de nosotros y estaba disgustada.

Yo traté de enviarle un email con mi proposición pero el email que ella puso en el papel era rechazado. Al otro dia la llamé y le dí mi proposición de $225,000 y que si no estaban de acuerdo esperaría hasta el dia del juicio porque yo tengo mucha fé en las cortes de este gran país y se que al final se hará justicia.

Llegó el dia del juicio, Junio 13 del 2011. Pensé que al fin llegaríamos al final de la novela. Pero cual fué mi sorpresa cuando recibí una carta de mi abogada que el juicio se había suspendido de nuevo para cuando la jueza tuviera tiempo disponible. La razón que dieron era que necesitaban mas tiempo para seguir el caso. Que mas tiempo quieren esta gente si llevamos mas de 6 años en este juicio?

En Junio 28 recibí una carta de O Associates que todavía estoy averiguando de que se trata.

Agosto 6 recibí una carta de mi abogada diciendo que a mas tardar el dia 12, le mandara los income tax para saber cuanto habíamos perdido de renta. Yo rentaba a un canadiense en el invierno por $5,000 la temporada. Como a mí me costaba mas mantenerlo, no recuerdo si lo declaré en el Income Tax. Como han pasado 5 años que estos señores nos cortaron la luz, exactamente en Mayo del 2006, ya no tenía los Income Tax de esos años porque cuando pasan 4 años los mando a la basura.

En Agosto recibí una notificación para un meeting para disolver la asociación y poner el terreno en subasta pública. Ninguno de los demandantes fué por que como ellos tenían la mayoría de los apartamentos, igual que las elecciones en Cuba, ya se sabía el resultado.

Yo me pregunto cuanto tiempo mas demorará este juicio, porque llevamos mucho mas de un año y parece que los jueces no les interesa el juicio de los pobres.

La abogada nos dijo que el juicio que se suspendió el 13 de Junio del 2011, se celebraría de uno a dos meses después de esa fecha. Ya han pasado cerca de 8 meses desde entonces, y todavía no tenemos noticias de cuando piensan celebrar el juicio.

De nuevo varios de nosotros la llamamos por teléfono dejándole un gran número de mensajes, pero en ningún momento esa Sra. ha respondido a ninguno de nuestros mensajes. Por mi parte yo le envíe varios e-mail, pero todos fueron rechazados porque el e-mail que ella nos dió no existe.

El 28 de Diciembre de 2011, recibí una carta de mi abogada con un cheque por $29,791.20 con fecha de Noviembre 18, 2011. Según mi abogada, esa era la parte que me correspondía por mi propiedad, y si por casualidad yo ya había pagado los Taxes al condado, tenia que llamar directamente al Sr. P. Yo no creo que eso sea correcto. En mi opinión, lo indicado es que yo se lo enviara a ella, y ella al Sr. P. Yo mandé el pago de mis impuestos el 24 de Noviembre del 2011, debido a que cuando se hace un registro en la página de Internet de nuestro condado, todavía aparecemos yo y mis hijos como dueños de esta propiedad. El 21 de Diciembre del 2011 recibí el cheque devuelto por el condado.

Otro punto, la mayoría de los cheques que han enviado no se pueden cobrar, ya que están hechos a nombres distinto a los dueños. Yo recuerdo cuando ellos pusieron aquel assessment que la mayoría de los dueños no pagaron, y a mi que había pagado hasta el último centavo me pusieron en la corte en foreclosure. Una de las notificaciones, me la mandaron a una dirección, que tuve que comprar un GPS para poder localizar el certificado.

El martes 12 de Junio me llamó el Sr. Q para informarme que un nieto del Sr. R lo había llamado para decirle que un amigo que tiene en la corte le había dicho que el juicio del Condominio A estaba en lista para celebrarse el Lunes 11 de Junio. El fué al juicio y nos informó que el juicio se había perdido y que la corte había cedido al cambio de jueza a petición de la parte contraria. Al parecer ellos sabían que la jueza estaba haciendo lo correcto y como no les convenía por eso pidieron el cambio. también nos dijo que el nuevo juez se llamaba Juez S.

Como es posible, que después de tanto esperar por el juicio, la abogada que nos defiende no le informó a nadie que el juicio se iba a celebrar ese dia y tuvimos que enterarnos por obra de la divina providencia.

Un dueño me llamó y me dijo que la abogada lo había llamado y lo citó para el otro dia por la mañana en su oficina y que tenia cosas importantes que comunicarle. Quedamos en que me llamaría después de la reunión para informarme. Cuando me llamó, me contó que la reunión no se llegó a celebrar porque la persona que se iba a reunir con la abogada tuvo una cita con el oculista por un problema de la vista y que la abogada lo llamaría para decirle las cosas importantes por teléfono. Quedamos en que me volvería a llamar cuando hablara con la abogada.

Como yo vi todo esto un poco oscuro, me comuniqué con otro abogado para saber que estaba pasando y si en verdad habíamos perdido el juicio, la posibilidad de apelar. Después me enteré por el Sr. Q que todavía no se podía hacer apelación alguna, porque le habían comunicado que el juicio no se había terminado. El motivo fué que la abogada había pedido una nueva vista del juicio.

Hasta hoy 19 de Junio la persona que tenía la entrevista con la abogada no ha llamado mas y tampoco he recibido un solo papel de mi abogada.

A mediado de Agosto del 2012, me llamó Sr. Q para decirme que Sr. R lo había llamado para informarle que el juicio se había celebrado y lo habíamos perdido. El se enteró por un amigo que trabajaba en la corte. Enseguida llamé al Sr. N para ver si el sabía algo y me dijo que estaba esperando llamada de la abogada para que le informara que había pasado en el juicio. Llamé varias veces al Sr. N al otro dia pero me dijo que todavía no tenía información y decidí no llamar mas.

Al cabo de varios días me enteré por el Sr. Q que el juicio se había perdido pero que la abogada había puesto una apelación. también me informó que la Honorable Juez T había renunciado al caso y en su lugar habían puesto al Honorable Juez S. Pasó el tiempo, y como no sabía lo que estaba pasando sobre el caso, llamé a nuestra abogada y no contestó ninguna de mis llamadas. Como nunca contestaban el teléfono, me decidí a mandarle una carta certificada con acuso de recibo el 8 de Noviembre del 2012. A pesar que tengo prueba que ella recibió esa carta, nunca tuve una contesta de ella.

Pasaron unos meses sin tener ninguna información y le pedí a mi hija que buscara en el Internet que estaba pasando sobre el caso. Encontró el juicio que se celebró, la apelación, y un juicio que se iba a celebrar el 5 de Abril del 2013. Como es posible que mi abogada nunca me informó del juicio que perdimos, ni de la apelación, ni del juicio por celebrar el 5 de Abril. Será que también le robaron los papeles igualito que pasó con la subasta que nos había contado en un meeting que lo había puesto sobre su escritorio y se lo robaron?

Cuando me enteré de la audiencia del 5 de Abril, como no tenía mas información, mi esposa y yo decidimos ir a la corte para averiguar el motivo y donde tomaría lugar. Allí se nos informó que la audiencia se celebraría en la habitación YYYY que es la oficina del Honorable Juez S. Yo le envíe cartas a todos los que estamos involucrados en el caso para que asistieran los que pudieran. De esta forma podríamos verle la cara a nuestra abogada ya que hacía mucho tiempo que no sabíamos nada de ella y de paso enterarnos personalmente que estaba pasando. Ya que aunque tratábamos por todos los medios de hablar con ella nunca lo lográbamos.

Yo no pude asistir ya que ese dia se casaba la hija de mi señora en una ciudad al Noreste del país, pero mandé a mi hijo en representación mía. Al terminar la audiencia ese día, mi hijo me llamó para decirme que la audiencia era para estimar el costo de los abogados de la otra parte que estaban pidiendo $500,000 a pagar si perdíamos el caso. Después de mucho litigio con nuestra abogada el Juez les dió 10 días para que le enviaran una cantidad de mutuo acuerdo.

Después del juicio todos los dueños presentes le preguntaron a la abogada que era lo que estaba pasando. Cual era el motivo que se dificultaba tanto hablar con ella y que tal parecía que los estaba evadiendo a propósito. Al final después de mucha discusión ella acordó contactar a todos individualmente para reunirnos con ella. El problema es que necesitaba encontrar un lugar en nuestra área para que no tuviéramos que manejar tan lejos hasta donde está situada su oficina. En el momento dos de los presentes ofrecieron espacios a su disposición para las reuniones.

El dia 18 de Abril del 2013, mi hijo me llamó diciéndome que la abogada le había enviado un email diciendo que quería reunirse conmigo y las citas disponibles eran el Viernes 19 a las 11:00 AM o a las 1:00 PM. Yo acepté la cita de la 1:00 PM

La reunión fué para informarme que sobre los honorarios de los abogados se llegó a un acuerdo de $300,000 porque lo que estaban pidiendo era ilegal. También me dijo que estos lobos disfrazados de Caperucita nos ofrecían que si renunciábamos al caso nos perdonaban la deuda. La abogada me metió miedo diciéndome que esas personas eran muy poderosos, que tenían 6 abogados en el caso, y que lo mas probable es que perdiéramos. Por momentos durante la reunión me daba la impresión que mi abogada estaba trabajando mas para la parte contraria que para mí. Yo le contesté que seguiría el juicio hasta el final al no ser que acepten la oferta que les hice.

A finales de Abril del 2013 me llamó el Sr. U para decirme que había acordado una entrevista con la oficina de abogados V & W para el dia 3 de Mayo. La cita era para exponerle nuestro caso sobre el Condominio A y me pedía a ver si yo podía acompañarlo a la entrevista. Yo acepté y tuvimos la reunión con el Sr. W, abogado de los derechos civiles. Al Sr. W le gustó el caso después de ver todas las arbitrariedades que el grupo "Z" nos había hecho. El Sr. W nos dijo que para el hacerse cargo de ese caso costaría unos $100,000 ya que esta gente tenía mucho dinero para gastarse y el caso podía ser largo. También nos ofreció que si nosotros aceptábamos darle una participación de las ganancias, podría aceptar el caso por $40,000. Nosotros le dijimos que lo consultaríamos con los 14 que estaban involucrados en el caso y le contestaríamos en 2 semanas, tomando en cuenta que si todos aceptaban el costo sería como $3,000 por cada uno.

Inmediatamente me puse las pilas y redacté una carta que envíe a todos, incluyendo el padre del Sr. U. Que sorpresa me llevé cuando vi que el único que respondió fue al Sr. Sr. Q para decirme que estaba de acuerdo. El resto de los involucrados no tuvieron ni la delicadeza de responder mi carta para dejarme saber si estaban de acuerdo o no. Me da mucha pena por esa gente que yo que he estado luchando con ellos, gastando dinero de mi bolsillo sin pedir un centavo a nadie, me hayan virado la espalda. Quizás mañana cuando se vean perdidos me llamen y yo como Jesucristo que perdonó desde la cruz los perdone y volvamos a luchar juntos, eso es si no todo está perdido.

Redactando esta carta me llamó el Sr. U para decirme que le había llamado la Sra. AA para decirle que ella también estaba dispuesta para la demanda. Así que como solo éramos 4 personas me pidió que llamara al Sr. W para ver que acuerdo podíamos llegar con el. Yo le contesté que era mejor esperar al final de juicio y si lo perdíamos, entonces ponemos la demanda aunque nos cueste un poco mas por los pocos que somos.

Hoy es 11 de Julio de 2013 y desde que me reuní con mi abogada no he tenido noticia de ella ni del juicio que en mi opinión tiene que ser uno de los mas largos de la historia de los Estados Unidos. Cuando yo me reuní con mi abogada ella me pidió que le diera una cantidad para ver si llegábamos a un arreglo. Yo le pedí $125,000 y ella me contestó que lo mas probable es que solo dieran $25,000. Yo contesté que si eso era lo que ofrecían seguro que yo no aceptaría. Hoy después de tanto tiempo sin tener respuesta alguna, queda cancelada mi proposición.

En días pasado me llamó el Sr. U para decirme que se cansó de llamar al Abogado W para pedirle una segunda entrevista y el Sr. W no tuvo la delicadeza del devolver la llamada. Parece que perdió interés en el caso.

El dia 14 de Septiembre le envíe un correo electrónico a mi abogada pidiendo la documentación de la propuesta de compra por $50 millones de dólares que hizo Sr. BB para una compañía en New York. Mi abogada me contestó que ella no sabía nada de esa venta, y si mal no recuerdo, ella recogió firmas de cuarenta y pico de dueños para poder representarnos en la venta. La venta no pudo ser porque la asociación la rechazó. Nosotros nos enteramos a los varios días ya que nunca se hizo una reunión para aprobar o rechazar la venta.

A las varias semanas, nos enteramos que estos señores le compraron 2 apartamentos del cual el Sr. BB era dueño por $325,000.00 cada uno y así evitaron que este señor siguiera insistiendo en la compra. Por qué si yo solo estaba pidiendo $225,000 por mi apartamento, que estaba en mejores condiciones que el de el Sr. BB, siempre me decían que para comprarme tenia que ser que todo el mundo vendiera a la vez? Eso era algo imposible de lograr por las ambiciones de muchos dueños que pedían sumas exorbitantes que no podían pagar y nunca se pudo hacer la venta como ellos exigían.

Agosto 14 del 2013 la abogada envío un correo electrónico diciendo que si yo renunciaba al caso, me perdonaba la deuda de gasto de corte. Si estaba de acuerdo me enviaría los papeles para que los firmara cuanto antes.

Agosto 19 le envíe un correo diciéndole que hasta ese dia no había tenido ninguna respuesta a mi propuesta de $125,000 que yo le había hecho el 19 de Abril del 2013.

En Agosto 21 del 2013 le envíe otro correo diciéndole que no me había contestado sobre la proposición mia de testificar en el juicio con todas las pruebas que yo tenía en mi poder. también le preguntaba sobre la ley que dice que a las personas mayores no le pueden demorar un juicio mas de 60 días. A los pocos días me contestó que en este momento yo no podía testificar, y que sobre lo de las personas mayores que efectivamente la ley existe.

El dia 18 de Julio del 2013, el Sr. U me envío un correo electrónico por la deuda de los juicios celebrados. Esa era la primera noticia para mí, porque hasta el 20 de Agosto del 2013, no he recibido ningún papel de la corte con esa deuda por la cantidad tan enorme. Cantidad que fué inflada para chantajearnos y obligarnos a renunciar al caso con la promesa de perdonar la deuda. Yo quisiera que el Honorable Juez S le pida un comprobante de los cheques pagados hasta la fecha para comprobar si es verdad que ellos cobraron esa cantidad tan inmensa por un juicio en disputa de unos terrenos de 20 x 20. O es que acaso los abogados de ambas partes llevaron esto tan lejos para exprimir a unas cuantas personas mayores retiradas que lo único que querían era pasar los últimos años de sus vidas lo mas tranquilo posible con un pedacito frente al mar.?

Varios días después me llamó el Sr. U para decirme que la abogada lo llamó que si su padre, un pobre anciano entrado en años, quería que le perdonaran la deuda, tenía que firmarle unos documentos donde renunciaba a todos los derechos sobre el caso. Esa era la única opción que daba CDCD Partners.

Al Sr. U no le quedó mas remedio que firmar esos papeles ya que en ese momento estaba haciendo una transacción con el banco para pedir un préstamo sobre otra propiedad y el banco se lo estaba negando debido a esa deuda que estaba en la corte. Deuda que el no tenia conocimiento alguno porque ni el ni nadie ha recibido papel alguno de la corte a su casa.

Esos mismos documentos que firmó el Sr. U se los mandó después nuestra abogada al Sr. Q y al Sr. D para que lo firmaran. En Agosto 15 del 2013 el Sr. Q no podía continuar con el caso porque le estaba afectando su salud y el sistema nervioso. Su señora le aconsejó que firmara para evitar males mayores. Esto es un chantaje que están haciendo estos señores para obligarnos a renunciar a nuestros derechos.

El 14 de Agosto del 2013 recibí un correo de mi abogada para proponerme que aceptara la propuesta que estos señores nos hacían y yo le contesté que no estaba dispuesto a aceptar ningún acuerdo. También le dije que yo exigía mi derecho de testificar en corte ya que tengo bastante pruebas para presentar. Además le recordé que basándome en mi edad me pidiera un juicio que de acuerdo con la ley no puede pasar mas de 61 días.

La abogada envío un correo electrónico citándome para una declaración jurada el 11 de Octubre del 2013. En ese correo me daba una lista de como 33 cosas a partir del 2010 que tenía que llevar conmigo a la declaración. En ningún momento me dió tan siquiera una orientación para defenderme de estos buitres que son igual que los comunistas, buscando quien tiene un dólar para quitárselo.

Al otro dia mi hija le envío un correo electrónico a la abogada preguntándole que si tenía una orden de la corte. Ella le contestó que sí, y mi hija le pidió que le enviara una copia. Varios días después le envío la copia de la orden con fecha después del dia que ella había dicho que ya tenía la orden en su poder.

Yo fuí a ver a otro abogado y le pagué para que fuera conmigo a la declaración jurada. Cuando ella se enteró que yo había contratado otro abogado, fué tan descarada que le envío un correo electrónico a mi hija informándole que si yo quería contratar un abogado, podía haberla contratado a ella para representarme. Y que se supone que debía de estar haciendo ella desde un principio?

Mi abogado se puso de acuerdo para hacer la declaración el 15 de Octubre del 2013 a las 12:30 PM. Llegamos mi hija y yo a las 12:00 PM con toda la documentación. Nos dijeron que hubo un mal entendido porque la cita era para la 1:30 PM. Al Sr. EE le hicieron lo mismo. así trabajan los comunistas, que te citan a una hora y después te ven a la hora que les de la gana a ellos. Bajamos los documentos al carro y nos fuimos a almorzar.

Llegó la hora de la reunión, 1:30 PM, y allí se encontraban mi abogado, un interprete de la corte, la que lleva los récords de la corte, y mi hija. El Sr. FF le dijo a mi hija que no podía estar en la reunión y que saliera de la oficina. A mi hija no le quedó mas remedio que salir aunque preocupada que me pudiera pasar algo por los problemas que tengo de corazón. Gracias a Dios no pasó nada. Después nos enteramos que eso que hizo de sacar a mi hija de la oficina era ilegal.

Comenzó la declaración jurada. Me preguntaron, "Jura Ud. decir la verdad?" Levante mi mano y dije que siempre la había dicho. Me contestaron, "señor, le estamos preguntando si jura Ud. decir la verdad?" Dije "lo juro" y allí comenzó la cacería de brujas.

Me pidieron los estados de cuenta bancarios desde el 2010 hasta la fecha, tarjetas Visas, bonos, bolsa de valores, tarjeta de débito, si tenía negocios, si alguien me debía algo, si tenía propiedad, Income Tax desde el 2010 hasta la fecha, si era casado, que como se llamaba mi mamá, que como se llamaban mis hijos, que como se llamaban mis nietos, donde vivian, en fin una cantidad interminable de cosas que yo ya ni recuerdo. despúes me preguntaron que en que tiempo yo vine de mi país. Les conteste que en Julio del 1960 y hasta esta fecha le daba autorización para que investigaran mi vida porque hasta ese dia no había tenido ningún problema de justicia. También agregué que me sentía feliz por haberle cumplido al país que me tendió la mano.

Después de mas de 3 horas de declaración, (cosa que me costó mas dinero ya que me habían dicho que a lo máximo sería una hora y mi abogado cobraba por hora) me preguntaron que si yo tenia retiro. El Sr. FF comentó algo referente al Presidente Obama, y como no lo entendí le pedí que lo repitiera pero me dijo que era mejor dejarlo así.

Cuando terminamos me pidió si podía quedarse con mis documentos para hacerle copias y que me los devolverían por correo. Le pregunté a mi abogado si estaba bien dejar mis documentos con ellos y me dijo que si. A los muchos días los devolvieron por correo y cuando los examiné detenidamente, me di cuenta que faltaba mi Income Tax del 2010 y varios estados de cuentas bancarios. Mi hija les envío un correo electrónico inmediatamente pidiendo que devolvieran los documentos que faltaban y algo molestos contestaron que harían copias para mandarme.

Cuando yo fuí a la declaración yo fuí con toda la intención de hacer un arreglo con ellos y pagarle la cantidad que yo debía, o sea $17,850 ($375,000 dividido entre los 20 dueños involucrados en el juicio). Tremenda sorpresa me llevé cuando el señor me dijo que yo solo debía los $357,000.00 porque el Honorable Juez S ordenó que ese dinero se le podía cobrar a cada uno de los que estábamos peleando el caso. Yo le dije que bajo ningún concepto yo podía aceptar eso ya que esa era una demanda colectiva y había que dividir la cantidad entre todos. El señor me enseño una orden de la corte firmada por el Juez S que yo no acepto.

Cuando empezó este juicio la demanda fue contra la asociación de condominium y nosotros tuvimos que pagar gastos de ese juicio con un special assessment que impusieron desde el año 2006 hasta el 2009. El total fué de $140,000.00. Como es posible que nuestra abogada aceptó semejante arreglo? Como es que no obligó al Honorable Juez S y a estos señores que presentaran las cuentas que pagaron a la firma de abogados incluyendo la que ya habían cobrado por la asociación? Esto no es forma de hacer justicia! Yo quisiera ver los cheques del banco que le pagaron a la firma de abogados para comprobar en realidad cuanto pagaron. Yo no entiendo por qué el Honorable Juez votó que se le podía cobrar la cantidad completa a cualquier persona, cuando los gastos de la asociación no se cobraron individualmente. Esto me hace pensar que algo sucio se esconde detrás de esa decisión.

Cuando este juicio empezó en el año 2005 empezó con el Honorable Juez GG. Al poco tiempo se fué del caso por razones desconocidas. No se si renunció, o perdió su puesto en las elecciones. El caso después fué a parar a manos de la Honorable Juez T. En la audiencia que tuvimos con ella, mandó a una mediación. Durante la audiencia, el abogado de ellos usó unas palabras ofensivas hacia nosotros y la juez lo mandó a callar. En esa audiencia la Juez estaba de acuerdo de darnos una compensación justa si no llegábamos a ningún acuerdo en la mediación antes de la próxima audiencia. De mas esta decir que la mediación fué un fracaso ya que ninguna de las dos partes se pusieron de acuerdo ya que lo que ellos nos ofrecían era realmente ridículo.

Aquí empezaron las trampas. La abogada convocó una reunión y dijo que estos señores estaban tratando de sacar a la Honorable Juez T del caso. Nos informó que podíamos seguir el juicio con ella y nos sugirió que lo pusiéramos a votación. Ella puso mucho énfasis que no lo hiciéramos con jurado y que siguiéramos con la Juez y nos aseguró que a estas alturas seria imposible cambiar a la Juez. Nosotros seguimos sus consejos y caímos en la trampa. Ellos como era de esperar empezaron a presionar para que la Juez fuera cambiada y un dia nos enteramos que ella renunció el caso sin dar motivo alguno. Inmediatamente fué remplazada por el Honorable Juez S y este señor rápidamente cerró el caso diciendo que no había suficiente pruebas para continuar con el.

Parece que a este señor nadie le ha robado un apartamento como nos lo robaron a muchos de nuestro condominio. también como otros fueron chantajeados a vender a un precio mucho mas bajo que el valor de los apartamentos en el mercado. A este señor no le violaron su derecho de propiedad cuando demolieron los apartamentos con todas nuestras pertenencias adentro, sin poder hacer nada porque cuando fuimos a buscar nuestras cosas todo estaba cercado de una forma excesivamente hermética. Las puertas tenían enormes candados y ni en el cielo aparecían las llaves. A este señor no le vendieron su tierra en una subasta donde los contrarios fueron los únicos que se enteraron y pudieron comprarla por un total de $3,000,000.00 cuando la tierra valía mas de $40,000,000.00. En fin, como se ve este señor no se enteró de infinidades de cosas mas que hicieron esta gente con tal de adueñarse de nuestra propiedad. Por si acaso, le recomendaría que no fuera a comprar ninguna propiedad donde esta gente, no le vaya a pasar lo mismo que a nosotros. Sin duda que esta gente no son amigos de nadie y solo les importa el dinero.

Trampa 2. después que el Juez S terminó el caso la abogada apeló el caso. No se quien pidió la apelación porque me vine a enterar de la apelación por el Sr. EE. Con esto, nos quitó el poder de contratar otro abogado para la apelación.

Trampa 3. después que la abogada hizo la apelación hay una audiencia el 5 de Abril y los únicos que estaban informado al respecto eran nuestra abogada y los abogados contrarios. Pero de casualidad mi hija se entera de esa audiencia y se le informó a varios de los que estábamos en el caso y fueron para saber que estaba pasando. Nuestra abogada se sorprendió cuando vió a los dueños presente. En esa audiencia los abogados contrarios dijeron que habían gastado medio millón de dólares sin llevar papel, ni factura de lo que habían pagado. Nuestra abogada cuestionó la cantidad y el Juez le dió 10 días para que se pusieran de acuerdo. después de eso no supe mas nada hasta que ella me cita para la reunión en un condominio en la playa. Allí me informa que estos señores perdonan los gastos de corte si renunciábamos al caso. también me informó que se acordó la deuda era $357,000.00, y que el medio millón que habían pedido era ilegal. En ese momento yo le informé que yo quería seguir con el caso. Yo me pregunto porque el Juez hizo la decisión del caso después de la apelación y no la hizo antes. Esto me hace pensar que la razón es que si no apelábamos decía que pagáramos los gastos entre todos ya que ahí se acababa el caso, pero si nosotros apelábamos, había otra carta para obligarnos a renunciar; la decisión que tomó de que se le podía cobrar a todo el mundo. Ellos nos perdonaban una deuda que no existía y nosotros le dábamos en bandeja de plata no tener mas nunca derecho en ese caso.

Sin duda que este Juez fué muy bondadoso con esta gente. Primero dice que no hay caso y después manda a cobrar una cantidad inmensa sin recibir ninguna prueba de los gastos cobrados. Encima de eso cuando me citaron para la declaración jurada, sin orden de la corte, cuando le pedí la orden a mi abogada como por arte de magia la recibí pero con fecha posterior a la solicitud para la declaración. Esto me da la impresión que en todo esto hay algo que no está muy claro y definitivamente se debe investigar.

El dia 1 de Noviembre del 2013, fui a uno de los bancos donde mantengo cuenta a las 2:40 PM. Extraje de mi cuenta de ahorros la cantidad de $1000.00. Me entregaron mi recibo donde mostraba el balance de mis 2 cuentas de ahorros y de cheque por mas de $6000.00 en total. Como a las 6 PM recibo una alerta ámbar en mi teléfono que mis cuentas habían sido congeladas. Llamé al banco y me dijeron que fué por orden de la corte por un caso que tenía pendiente de HH por $357,000.00 y que por regulaciones del banco se me retenían los fondos por el doble de esa cantidad que fueron $710,000.00.

El dia 2 de Noviembre recibí una comunicación de otro banco donde mantengo cuenta donde me congelaban mi cuenta por un procedimiento legal de la corte con fecha del 31 de Octubre. después recibí la misma notificación del primer banco con fecha del 1 de Noviembre.

El dia 3 recibí una comunicación cobrándome 1 multa de $34 por el dinero que sustraje de mi cuenta. Cuando saqué ese dinero todavía mi cuenta no tenía ningún problema. Lo pude demostrar con el recibo del banco que mostraba la hora de 2:42 PM y el alerta que recibí fué a las 6:00 PM.

Después recibí de los abogados II, NN & FF la información del primer banco, que por cierto en vez de mi nombre pusieron el de mi hijo.

El dia 4 recibí notificación de la bolsa de valores enviada por FF. El dia 6 recibí congelación de mi cuenta en otro banco. Ese mismo dia también recibí notificación de el Credit Union donde tengo otra cuenta y el dia 7 otra notificación mas del primer banco.

También recibí una demanda por un apartamento que yo tenia en una ciudad al norte de donde vivo donde ellos alegaban que yo había hecho un Quit Claim Deed para deshacerme de la propiedad porque sabia de la deuda en la corte por los $357,000.00 La verdad es que yo había hecho un Quit Claim Deed el 9 de Julio del 2005 donde incluía a mi hijo y mi nieto en el título de la propiedad. Pero en ese momento como yo todavía vivía en la propiedad, si me quitaba del título perdería el Homestead Exemption y solo hice el Deed pensando que como mi salud estaba un poco precaria en esa época en caso que yo falleciera sería mas fácil para ellos pasar la propiedad a su nombre.

En abril 29 del 2013 yo hice otro Quit Claim Deed quitando mi nombre de la propiedad porque ya para ese entonces yo me había vuelto a casar y vivía en la casa de mi esposa y no calificaba para ningún Homestead Exemption en esta propiedad. Además yo no tenia ni idea que esa deuda en su totalidad se me pudiera cobrar solamente a mi ya que siempre se nos dijo que la deuda sería repartida entre los que perdimos el caso y la deuda individual seria como unos $20,000.00 cantidad que yo estaba dispuesto a pagar y es mas, llevaba un cheque en blanco conmigo para pagar la deuda el dia de la declaración jurada.

El 13 de Diciembre del 2013, mi abogado JJ me llamó para que fuera a su oficina a firmar unos documentos de la corte ya que había ganado el caso y me pidió que llevara mi chequera. Me citó para las 5 de la tarde y llegué a las 4 y media. había otra pareja esperando que lo atendieran. Llamaron a la pareja primero y a las 6 de la tarde cuando terminaron, me llamaron a mi.

Cuando vi los documentos, me di cuenta que eran los mismos que me había mandado mi abogada hacía mas de 15 días. Estos eran los documentos donde yo firmaba terminando el caso de los que representan a CDCD Partners.

Esos documentos hacía mas de una semana que yo se los había firmado a la abogada que trabaja con JJ pero el no los tenía. Parece que no se los entregó por algo que había en el documento que no estaba correcto. Estuve como una hora discutiendo una cosa que se podía solucionar en 15 minutos, pero el desacuerdo entre la secretaria y JJ llevó mas tiempo que la firma del documento en si. Aquí el verdadero ganador fue CDCD Partners debido a la decisión del Juez S donde se le podía cobrar individualmente a todos los demandantes dejándonos derrotados, ya que nadie estaba dispuesto a pagar $357,000. No quedó mas remedio que llegar a un acuerdo de renunciar el caso para que perdonaran la deuda.

Esta decisión del Juez S, me da mucho que pensar y me he desvelado muchas noches pensando donde esta la verdad de está decisión. Ahora solo me queda esperar que me devuelvan mis ahorros de 50 años de trabajo que esta gente me quitaron por una orden de la corte que todavía estoy por entender. Al final yo no le robé a nadie, a quien le robaron su apartamento XXX en el Condominio A fué a mi. No solo me robaron el apartamento sino también mas de $45,000 que tuve que pagar en abogados y especial assessments del apartamento y la tierra. En los assessments solamente se pagaron mas de $150,000 para los gastos de juicio de KK, LL y de MM. No se donde estaba el Juez que no vio esos assessments pues que yo sepa, nunca se presentó en la corte ningún documento de pagos como facturas o cheques que comprueben que CDCD Partners se gastó $357,000 en el juicio. Yo no entiendo como es que nuestra abogada aceptó esa cantidad y que se podía cobrar individualmente. La abogada y el Juez S tenían los mismos pensamientos. Por qué no devolvieron lo que estos señores cobraron en assessments para los gastos del juicio o lo rebajaron del juicio?

después de firmarle el acuerdo a mi abogado JJ, estuve chequeando por muchos días para ver si me habían reintegrado todo lo que me habían intervenido en 4 bancos diferentes. Al ver que se demoraba llame a JJ para ver que estaba pasando. El me dijo que llamaría a los abogados de CDCD Partners. No tuve ninguna contestación de JJ y el 4 de Enero me fuí en un crucero de 7 días. Cuando regresé llame a los bancos y ya me habían devuelto todos los fondos.

En realidad, yo no quería llegar a ningún arreglo con esta gente y llegar con el juicio hasta el final. Y también tenia planes para si perdía el juicio, el dia de la inauguración del edificio, llegar allí con todos los documentos, videos y grabaciones en mi poder y entregárselos a los medios de comunicación. De esta forma, podían dar la noticia en el momento de producirse, de como me quitaba la vida para escribir con sangre sobre el robo de esa tierra que le hicieron a unas infelices personas de la tercera edad.

Cometí el error (o la suerte) de que se lo comenté a una persona de mi familia y esa persona se lo hizo saber a mis hijos.

Mis hijos vinieron a verme inmediatamente para tratar de quitarme esa idea de la cabeza. Me hablaron fuertemente y me recordaron que como era posible, que yo siendo católico iba a ser algo que estaba en contra de nuestra religión. querían saber si yo no había pensado en mi familia en el momento de tomar esa decisión. Que pensara en mi familia y lo unidos que siempre nos hemos mantenido y que si acaso valía mas el dinero que el dolor tan grande que le hubiera causado a mi familia. Que si me parecía justo privarlos del mejor padre y el mejor abuelo que siempre pensaba mas en ellos que en mi mismo. Estuvimos un tiempo en terapia familiar. Llamaron a mi médico y me obligaron a que fuera a verlo. El médico me mandó unas pastillas y gracias a Dios esa idea fué pasando de mi mente. Hoy puedo decir que gracias a Dios mi mente está libre de esos malos pensamientos.

Quiero dejar ver que no lo estaba haciendo por el dinero. Lo estaba haciendo, primero porque no me gusta que me roben. Yo jamás le he robado nada a nadie, y en los mas de 50 años que llevo en este país, tengo una vida ejemplar. Fuí jefe de varias compañías, tuve varios negocios, y cada vez que veo a alguien que fué mi empleado y le da alegría verme, me hace sentir feliz.

Hace varios meses en un velorio, me encontré con un familiar que es millonario y me dijo que se sentía muy mal porque con tanto dinero que tenía, la gente ni lo saludaban, sin embargo yo que no tenía nada a todo el mundo le daba alegría verme y conversar conmigo. Esto me llenó de alegría y me dió pie para seguir siendo como soy y seguir ayudando al que lo necesita.

También Dios me dió un poder espiritual para ayudar a los enfermos, no para curarlos claro está (para eso están los médicos que aman su profesión), pero si para diagnosticarle que algo no está bien en ese momento. Una de las que ayudé fué mi propia señora que cuando vi que algo en su cuerpo andaba mal, llamé al rescate y cuando la chequearon en el hospital tenía 2 coágulos de sangre en la cabeza. Si no llega a ser que se actuó a tiempo, se pudo haber muerto o en el mejor de los casos parte de su cuerpo pudo quedar paralizado.

Hace varios meses un señor Dominicano estaba jugando dominó conmigo y otras 2 personas mas. Noté que algo le estaba pasando y llamé a la dueña y le pedí que llamaran al rescate para que lo revisaran. El rescate lo revisó y no se lo llevaron porque dijeron que su presión arterial y su pulsación estaban en buena condiciones. Cuando llegó la hora de irse para su casa, yo no dejé que saliera solo y lo llevé en mi carro hasta una clínica donde el se atendía. allí logré que su médico lo viera y el médico me dijo que ya lo había revisado esta mañana y lo había encontrado bien. De todas formas lo volvió a revisar y aunque no le encontraba nada de emergencia, me iba a dar una carta con sus datos para llamar al rescate y lo viera. Llegó el rescate y cuando vieron al Sr. Sergio, dijeron que ya ellos habían revisado a ese señor y que estaba bien. Yo les contesté que si ellos no se lo llevaban, yo personalmente lo llevaba al hospital y cualquier cosa que pasara era responsabilidad de ellos. Entonces lo metieron en la ambulancia y lo llevaron por emergencia. En cuanto lo vieron, lo dejaron ingresado y yo me fuí para mi casa. Al otro dia llamé al hospital para ver como seguía, y me dijeron que estaba ingresado porque el señor tenía 2 coágulos en el cerebro y lo iban a operar. Estuvo bastantes días en el hospital y yo pasaba a verlo a diario hasta que le dieron el alta. Que yo sepa nadie fué a verlo, ni las hijas. Como esto podría contarle muchas cosas mas pero para que mi libro no sea interminable, voy a contarle otro caso que pasó hace varios años cuando yo fuí dueño de una farmacia.

Cerramos la farmacia a las 9 de la noche y de casualidad nos habíamos quedado hablando en la acera de la farmacia mi socio, un empleado de la farmacia, y yo. Esto era algo que no acostumbrábamos por lo peligroso que estaba el barrio. De pronto apareció un señor con una señora pidiendo que por favor hiciéramos algo porque su señora no podía hablar y parecía que se moría. Mi socio le dijo al señor que la llevara al hospital y que como el señor no tenia carro nosotros nos ofrecíamos a llevarla. Cuando yo vi las condiciones de la señora, algo pasó por mi mente que me dijo que si la llevábamos al hospital no llegaría con vida. Inmediatamente la entré a la farmacia y sin perder tiempo le inyecté una ámpula de sulfato de magnesia y le di 2 Benadryl de 50 mg. A los varios minutos la señora empezó a vomitar y a cambiar de color como un camaleón. La señora empezó a decir unas palabras y enseguida me "dijeron" en mi mente que la había salvado. El esposo después nos contó que la señora se había tomado 2 pastillas de penicilina que fué lo que causó el problema. La llevamos al hospital y la dejamos en emergencia. A los varios días el señor vino a darnos las gracias, ya que en el hospital le dijeron que la vida de su señora se la debía al señor que la atendió y que se podía haber buscado un gran problema si la señora hubiera muerto. Quiero recalcar que en ese momento no era yo quien actuaba. Fué como si alguien se hubiera apoderado de mi mente y me decía que tenía que hacer. Sin duda que Dios no quería que esa señora falleciera. Al quedarnos hablando delante de la farmacia cerrada (algo que no solíamos hacer) el esposo pudo encontrarnos y salvarla.

Yo no entiendo por qué me desvi del caso y estoy contando estas cosas. Tal parece que algo le dice a mi cerebro que las escriba. Yo nunca estudié música ni se tocar ningún instrumento musical y bailando fuí malísimo. Sin embargo, un dia empezó a venir a mi cerebro composiciones con música y letras. Al principio no le hacía caso, pero después las empecé a componer y tuve la suerte que algunas orquestas las grabaran.

Siguiendo el caso del Condominio A, yo no tengo nada en contra de los abogados de estos señores (si se les puede llamar señores) ya que ellos solo hicieron el trabajo por el cual le pagaron. El dia de la declaración jurada todo fue muy correcto, ellos me preguntaban y yo contestaba. Aunque salí de allí como perdedor, eso solo se lo debo al Juez S. Siento que al tener que proteger a los "inocentes" y cambiar la identidad del Juez S aquellos que lean este libro no puedan saber quien es y así poder evitar que sea reelecto en su cargo. En cambio si algún dia yo necesitara una compañía de abogados para algún litigio, los primeros que voy a ver es a esta compañía y los contrataría de inmediato, eso es si no me cobran mucho dinero.

En resumen, a los únicos que yo no perdono es a mi abogada que no supo estar a la altura de una buena abogada como nos dijo que era. Yo no puedo asegurar que ella se vendió a la parte contraria como aseguran algunos, pero si me atrevería asegurar que alguna relación tenía ella con estos abogados. Era triste ver que después que nos había cobrado una inmensa cantidad de dinero, en las reuniones que hacíamos con ella, parecía mas la abogada de la parte contraria que la nuestra.

Tampoco perdono al Juez S que sin saber absolutamente nada de este caso tomó una decisión tan a la ligera. Pudiera asegurar que en el poco tiempo que le se demoró en tomar una decisión era imposible que hubiera leído todo lo referente al caso. Este caso llevaba como 7 años caminando, y está extraño que habiendo mas de 24 personas involucradas en el caso este señor dió la orden que se le podía cobrar $357,000 a cada persona individualmente. Esto me hace pensar (y como pensar no es delito), que pudieron haber hecho esto para ponernos entre la espada y la pared, y de esta forma acabar con el juicio. Nuestra abogada tenía 30 días para apelar esto y no lo hizo. Que piensan Uds. que leen este libro? Seguro que piensan lo mismo que yo.

Yo perdono a los que me robaron mi apartamento porque al fin hay tanta gente a los que estos señores les hicieron trampa que quizás no los hayan perdonado. Pero al Juez S y a nuestra abogada no pienso perdonarlos porque ellos no quisieron hacer su trabajo. No se si mis espíritus que son muy poderosos y Dios quisieran perdonarlos.

También me gustaría decir que deberían hacer algunos cambios a las leyes. Como es posible que este juicio lleve mas de 7 años y todavía en este momento no se ha terminado. Hay que reducir a no mas de 3 años este tipo de litigio. Al final la mayoría de las personas mayores están muertas, y los que quedan vivos, como yo, se quedan sin un centavo. Esto es gracias a los gastos de abogados, que al final son los que se llevan todo el dinero. Parece como si las dos partes se ponen de acuerdo para que el juicio nunca termine y así ganar mas dinero.

Que se investigue porque los jueces alargaron tanto el juicio que costó miles de dólares y que no solo tuvimos que pagar por nuestros abogados, sino también los de ellos.

Que se investigue porque razón le hicieron dos foreclosures a mi propiedad cuando yo les había pagado hasta el último centavo.

Con eso solo estaban gastando dinero de nuestro bolsillo en cosas innecesarias. Me pregunto si no es un delito poner un foreclosure a una propiedad que está al dia con todos sus pagos. A mi nunca me devolvieron ni un solo centavo de lo que pagaron en corte y abogados. Pero como siempre, mi abogada aceptaba todas las cosas malas que hacían esta gente.

Que se investigue el negocio que hicieron con el seguro. Donde metieron el dinero que cobraron del seguro que nunca vimos el cheque ni nos enteramos de la cantidad que pagaron.

Que se investigue por qué usaron nuestra propiedad para estacionar carros y equipos pesados de la construcción de E Condominium dañando así nuestro terreno.

Que se investigue por qué después que se demolió y quedó plano el terreno continuamos pagando $130 al mes de mantenimiento, que incluía gastos de corte y abogados por los juicios pendientes. Apuesto que estos gastos el Juez S no los vió cuando terminó el caso.

Que se investigue por qué en una reunión que tuvimos con nuestra abogada, ella nos aconsejó que no pagáramos la reserva ilegal de $807.49. Ella había puesto una demanda y cuando aun no se había celebrado el juicio le hicieron foreclosures a todos. Cuando perdieron el juicio, que yo sepa, nunca devolvieron ni un centavo de estos gastos. Porque mi abogada que fué muy generosa con esta gente aceptó que cada parte pagara los gastos. Yo no le hice caso a mi abogada y pagué mensualmente y después que perdieron el juicio me mandaron un cheque por la cantidad que yo había pagado.

Que se investigue si de los apartamentos que ellos compraron, depositaron en la cuenta del banco las deudas de mantenimiento que esas unidades tenían pendientes. Muchos de los dueños llevaban tiempo sin pagar el manteminiento, pero cuando alguien compraba tenían que asumir la deuda, y que yo sepa ese dinero nunca se vió por ninguna parte.

Que se investigue como fué que a la mayoría de los dueños los presionaron a vender por una cantidad impuesta por ellos, a un precio menor que el mercado. No les importaba que todos eran personas de la tercera edad que solo querían tener un pedacito de playa donde vivir los últimos años de sus vidas.

Que se investigue como una de las últimas reuniones que hicieron, fué en un restaurante de la playa. Después de la reunión se nos sirvió un desayuno a los que asistimos a dicha reunión. La mayoría nos fuimos sin desayunar. Yo no se quien pagó, pero me juego la vida que también lo pagamos nosotros como si fuera oro.

Que se investigue por qué cuando se llevó a cabo la subasta la abogada no se lo comunicó a ninguno de los demandantes. Después, en una reunión, nos dijo que el motivo era que se habían perdido los papeles de encima de su escritorio. Si ella tenía los originales, por que no los copió y los envió de nuevo? También nos gustaría saber por que ella nunca contestaba las llamadas telefónicas de ninguno de nosotros.

Que se investigue por qué la abogada aceptó que pagáramos esa cantidad tan grande de dinero sin tomar en cuenta lo que ya habíamos pagado por la asociación. Por qué nunca pidió un estado de cuenta y copia de los cheques cancelados de CDCD Partners a la firma de abogados. También que nos diga por que insistió tanto en quitar al jurado y nos aseguró que la Juez estaba de acuerdo con nosotros y a esa altura ya ellos no la podían sacar del caso.

Que se investigue si el Juez S es un súper dotado ya que en tan poco tiempo pudo resolver un caso que llevaba mas de 7 años en litigio. Con la cantidad de documentos que había para estudiar en el caso, al no ser que sea un súper dotado como el Juez S, se estaría otro año mas para terminar el caso, sin embargo, el Juez S lo resolvió en menos que lo que canta un gallo. Eso si, fué muy generoso con esta gente. Les dió todo lo que le pedían así resolvió todo rápidamente y cuando votó a favor de poder cobrar a cada uno de los demandantes la deuda entera, sabía que eso sería la estocada final.

Que se investigue cuando se celebró una audiencia que no se la había comunicado a ninguno de nosotros y nos enteramos por Internet el Juez S regañó al Sr. U y lo amenazó con sacarlo de la sala por que el Sr. U hizo una mueca al oír que los abogados de la otra parte pedían medio millón de dólares en honorarios. Sin embargo, durante otra audiencia cuando uno de los abogados que representa CDCD Partners nos dijo que nosotros éramos como los puercos, que mientras mas comen mas quieren, el Juez S no dijo nada por el insulto. A fin de cuentas, el Sr. U no estaba infringiendo ninguna ley cambiando la expresión de su cara. Le puedo asegurar que si yo llego haber estado ahí, al oír que este señor pedía medio millón de dólares hubiese gritado ¡Ñooooooooooo! como Álvarez Guedes.

Para finalizar le doy las gracias a todos los que lean este libro y a los que no los lean les recomiendo que si pasan por lo mismo que yo, que vendan a lo que le ofrezcan porque como siempre el pescado grande se come al chiquito. Todos los seres humanos tienen un precio y aquí pasaron mucha gente que tenían su precio. Al que le sirva el saco, que se lo ponga.

Muchas gracias y que Dios los bendiga

Chato Izquierdo

AUTHOR BIOGRAPHY

Chato Izquierdo is the pen name for a man that was born in Cuba. In the early 60's, due to Castro's regime, he immigrated to the United States with his second wife. He is the proud father of two children (from his first marriage), who have given him 3 grandsons, and they in turn have blessed him with 3 great granddaughters and one great grandson. After becoming a widow he married a third time. Presently he lives happily in the state of Florida with his wife. The odyssey he had to go through when a few greedy men stole that for which he had worked so hard all his life, is what prompted the writing of this "I Accuse". With this he hopes to open the eyes of others to avoid them from being robbed like he was.

Chato Izquierdo es el psudonimo del autor que nació en Cuba. A principio de la decada de los 60, a causa del regimen de los Castro emigró a los Estados Unidos junto a su segunda esposa. Es padre de dos hijos (de su primer matrimonio), los cuales les han dado 3 nietos, y esos nietos a su vez le han bendecido con 3 biznietas y 1 biznieto. Despues de enviudar contrajo matrimonio por tercera vez. En el presente vive felizmente con su esposa en el estado de la Florida. La odisea que padeció cuando vió como una partida de hombres avariciosos le robaron aquello por lo que había trabajado tan duramente fué lo lo que lo impulsó a escribir este "Yo Acuso". Con esto espera alertar a otros para que no se dejen engañar como hicieron con él.

www.ingramcontent.com/pod-product-compliance
Lightning Source LLC
Chambersburg PA
CBHW050401290526
45786CB00003B/1085